你若不傷
歲月無恙

一本讓你與自我對話的超強心理能量手冊
最細膩的青春期心理攻略，多位資深心理諮商師一致好評

善用情緒能成就你，
輕視情緒也能摧毀你

本書獻給在繁忙生活中，忘記與內心對話的你——

李麗 —— 著

目錄

目錄

心理能量六：多慮 ——
思維定焦在過去和未來

心理能量七：憤怒 ——
情緒占了上風並成為了主人

心理能量八：挫折 ——
壓力狀態下的應激反應

目錄

心理能量十二：恐懼 ——
對未知事物無所適從的強烈反應

心理能量十三：內疚 ——
良心和道德上的自我譴責

目錄

目錄

心理能量二十：怨恨 ──
當愛的渴求與失落無法平復

心理能量二十一：依賴 ──
「安逸愉快」狀態的自我迷失

心理能量二十二：完美 ──
虛幻的代名詞 OR 烏托邦式的假想

心理能量二十三：抱怨 ──
損耗自己和別人的消極能量

心理能量二十四：倦怠 ──
無處找尋的生命活水之源

目錄

前言

　　二〇一三年九月下旬，我興沖沖地回家，準備和父母共度假期，沒想到父親卻在醫院檢查出癌症末期！研究心理學多年的我知道，父親的肝癌與心理及情緒有很大的關係，因為父親的腫瘤已經擴散至肝部，手術也是無能為力了，因此我決定把父母帶到北京，利用心理治療來幫助父親獲取最後的一線生機。

　　為了陪伴父親，我放棄了所有的工作，整天與他的「癌症」在一起，傾聽他童年的遭遇，傾聽使他受傷害的每件事，這些事如水一樣滲進我的大腦裡，我的思想中……剛開始，我還能開導父親，後來，我無法再傾聽了，因為這些晦暗的內容漸漸使我的思想變異。直到有一天，我和父親參加一個心理機構的父親節活動，導師讓大家回憶自己和父親之間的記憶深刻的事情，我發現自己的腦中浮現的是和爺爺的互動，我自己成了父親！那時，我發覺到自己的頭腦已經被父親的思想全部占據！

　　那時候，我感覺自己在和時間賽跑，因為醫生說父親的生命只有三到六個月！我多想從命運的手中奪回父親，但是，長期的失眠，焦慮，憂鬱使我自己的身體崩潰了，參與父親治療過程中的家庭治療又引發了我自己的激烈情緒，這些情緒激盪著我，治療著我和父親的同時，也在尖銳的刺激著我們……

　　這樣的狀態持續了一年多，父親沒有倒下，我卻感到心力交瘁……有一次，我的老師來給父親做心理諮商，我在送他的離開時和他嘀咕了一句：「我覺得我已經沒有能力付出了，無論

是金錢，精力還是體力上……」

「你為什麼不想想收穫呢？」老師一句話點醒了我！改變了我！

是啊，經歷這些我得到了什麼呢？

為了治療這麼一個「極端」的案例，我用盡了各種療法，各種老師的幫助，與其說大家治療父親，不如說也順便治療我，因為我的思想也被父親所「感染」了，我走不出來的部分，也正是父親走不出來的。但是，每個老師都給了我們不同的幫助，我也前所未有的陪伴父親經歷了一場場生命的洗禮。

化解父親童年的陰影，緩和他與家族之間的衝突，令他能夠用更寬闊的視野去站在對方角度思考，在他臨終之前，放下那些仇恨、抱怨，能安然離去，這是我陪伴父親的使命，也是我多年學習心理學的動力之一。隨著治療，父親發現了自己的問題，特意回到祖墳前懺悔，與昔日有嫌隙的繼母和兄弟姐妹們團聚並且表達了自己的心意。那時，我感覺到自己多年來的心願得以實現，是我圓滿了父親，還是父親圓滿了我？我已經無法分辨。

當我將目光從父親身上投注到自己這裡，我又發現自己身上活著父親的影子，他許多的思考方式又何嘗不是我自己的思考方式？他許多的能力上不足何嘗又不是我自己的不足？如果我自己不改變，那他 —— 就是一個我自己未來的電影正在我眼前放映啊！

一念天堂，一念地獄。就是老師的這句提示，讓我走向了新的自我成長之路。發生的事情從來不是影響我們情緒的原

因，而是你選擇什麼態度和認知去面對。

　　同樣，那些令我們感覺不好的情緒，也不是左右我們心態的根本原因，它們只是幫助我們正視自己，如果你願意去接受這些情緒，去發現它們所帶給你的深層的意義，那麼我們就能因此得到成長和圓滿。

　　所以，好好善用自己的情緒，就是善用自己的生命。

　　這是我自身的切實經歷，也是本書的寫作緣起，我相信如我一般的個人及家庭，同樣經歷著各種的挫折與困難，如果沒能學會如何調節情緒，無法改變我們情緒上的負能量，就會為其所累，為其所傷。

　　因此，我把自己近年的工作經歷、生活體驗也包括親友、來訪者們的諸多對話、故事作為本書案例，也就是說，本書大量案例中的主角來自心理諮商工作中的當事人；部分案例中的主角與我直接或間接有著學習上、工作上的密切聯繫；一些案例中的主角是我在心理諮商的學習、業界討論中多次提及的人物個案，我希望把這些分享給更多的人，讓我們都能更好地與這些能量共處，達到不偏不倚的「中庸」之度，有之以為利，無之以為用。

　　是為序！

—— 李麗

前言

心理能量一：自卑 ——
如何看待，決定不斷精進還是走向毀滅

· 滅門案件

說到滅門大家會不約而同地想到仇殺，然而二〇一〇年十一月二十三日發生的滅門案的兇手卻是這個家庭中的一員 —— 李磊。

這讓人不敢相信，尤其是李磊的親戚和朋友，在他們眼中，李磊的性格內向，和周圍的人關係也不錯，從未與人爭吵、打架過，這樣一個人任誰也不會相信他會殘忍地將自己的六位親人殺害，這其中有養育他的父母、他的妹妹、他的妻子，還有他兩個可愛的兒子。李磊的叔叔李漢全也不敢置信的說：「那是他親媽、親兒子、親妹妹啊。我不相信，我不相信……我們之前還一直在擔心李磊的安全，但完全沒想到他會親手殺死全家。」

那麼，在叔叔看來不可能做出這種事的人，怎麼會走到這一步呢？

李磊從小他和爺爺奶奶一起生活，長大後才回到父母身邊。因此，在李磊的心中，他和那些父母不在身邊的兒童一

樣，缺乏來自父母的關懷和愛護。國中時的李磊靦腆內向，是個各方面都不突出的學生。畢業後，李磊選擇了輟學，並經常打架鬧事，他試圖改變自己給人的軟弱無能形象。同時，他也開始做各式各樣的經營，例如開理髮店、從事金融業等。最近的一次嘗試是開餐廳。但是，他所有的嘗試都沒有成效。而他這些積極的做法，並沒有得到家人的支持，家人反而把這些看作是無能的表現。

漸漸地，殺人的想法在李磊的腦中滋生了。據李磊供述，殺人的想法已經醞釀很多年了，最早是在少年時期離家出走後產生的。「從小家裡管太嚴，做什麼事都要干涉，見到我不是打就是罵。」李磊自小就覺得不自由，沒有同齡人的快樂，雖然家境好，但是覺得活著沒意思。這次殺人，看似導火線只是一件小事，其實是李磊累積多年的心結一次瘋狂大爆發。

・過早與父母分離，易產生深刻的自卑感

李磊從小就與父母分開，長大後才回到父母身邊。父母對他嚴加管教，不但沒能讓他體會到曾經缺失的父愛、母愛，反而使他和父母之間的隔閡更大。

這樣的隔閡是必然的結果，每個孩子的成長關鍵期都需要父母愛的呵護，尤其母親，更是孩子最強烈的情感連結對象。太早和父母分離的孩子，內心會形成被拋棄感，會主觀認為自己是不值得被愛的人，這種深深的自卑感在沒有進行有效心理修復的下，將伴隨的成長直到終老。

　　透過李磊朋友的描述，他是一個性格比較內向的人。而這種內向已經不是描述一個人的氣質那麼簡單，而是他基本上已經喪失了與人交往的樂趣，也就是說，表面上有很多朋友，但深深的自卑感使他無法讓對方走進內心。簡單地說，他出於自我保護，不願意主動敞開心扉，以防與他人建立親密關係後又被他人拋棄。

　　同時，刻在內心深處的自卑，讓李磊感覺自己缺乏價值，他必須透過付出、順從和委屈自己的方式獲得一些關注，因此他對於父母的責罵，選擇了隱忍。久而久之，這就會成為一種惡性循環，他一次次努力，都是為了讓周圍的人滿意。所以，哪怕是一點點的失敗，對於他而言都是天大的打擊，所以他會不斷嘗試其他方面，以避免事情的結果更糟，但在父母家人看來，則是一個做什麼都不成功的失敗者形象。

　　對父母的不滿、對妻子的不滿，都成為李磊最終犯罪的原因之一。他不斷以各種努力「討好」這些本應親近但「高要求」的人，平庸或失敗的嘗試會加劇帶給他的傷害。他憤怒、傷心甚至絕望，而自卑的性格讓他無法充分表達自我。

　　不表達並不意味著沒有憤怒，只是壓抑了憤怒。隨著壓抑的憤怒越來越多，這座可怕的情緒火山會不顧一切地尋找缺口，那時一隻微小的蝴蝶抖動翅膀，就可能引發火山的爆發。

．被「比較」，讓人產生自卑感

在生活中，我們很容易和別人比較，不是將配偶去和其他「更優秀」的人比較，就是看孩子不順眼：「你看看人家某某，比你強多了」。也許說話的人出於「刺激對方更加優秀」的心態出發點，但是卻造成傾聽者自我價值感的嚴重受損。

李磊的自卑心理很重，他殺害妻子，是因為妻子是一個好勝心很強的人，無論在哪一方面都比較強勢，她希望自己的丈夫比其他的男人強，而剛好李磊做什麼都沒有結果，這使她很失望，也許無意中的數落，使李磊的自尊心受到嚴重的傷害，因此她成了李磊第一個殺害的對象。

李磊第二個殺害的人是李磊的妹妹，很大原因在於他自己是國中畢業，至今一事無成，而妹妹是大學生，無論是學歷還是能力都比他強。也許父母在責備李磊時，會拿妹妹和他做比較，這樣更加重了他的自卑心理和對妹妹的嫉妒、怨恨心理。

現代社會是一個充滿競爭的社會，面對各種的機遇，嘗試成為現代人流行的人生準則。每當人們走向挑戰之前，總是向挑戰者或競爭者表現出：天生我才必有用，這次勝利非我莫屬！但是，在人生舞台上，有些人卻低頭哀歎：天生我才沒有用。這種自卑的「自白」與自信者產生了強烈的對比：自信者相信自己的力量，竭力成為人生舞台上主角，自卑者認為自己沒有能力，只適合當觀眾。

當自卑的心理產生後，不僅會嚴重地阻礙他們的社交生活，使他們孤立、離群，而且還會抑制他們的自信和榮譽感的

發展，抑制他們的能力的發揮和潛能的發掘。特別是當他們的某種能力有缺陷或失敗的社交活動被周圍人輕視、嘲笑或侮辱時，這種自卑感會大大加強，甚至以嫉妒、暴怒、自欺欺人等畸形的方式表現出來，給自己、他人和社會造成一定的危害和損失。

· 自卑的雙重效應

自卑是人由於某些心理缺陷及其他原因而產生輕視自己的悲觀情緒，認為自己在某方面或其他方面不如他人，自卑也是一種性格上的缺陷，表現在社交中就是缺乏自信。可以說，自卑是影響社交的嚴重的心理障礙，它直接阻礙了一個人走向群體，去與他人交往。它使人喪失信心、自我意識過強、害羞、不安、內疚、失望和恐懼。自卑的心理容易使一個人在人生道路上走下坡路，成為加速自身衰老的催化劑。

毋庸置疑，每個人心中或多或少都存在一些「自卑」心理，因為我們無法控制一切，當我們對外界環境只能「適應」而不是掌控時，我們會自卑；我們都從童年時期慢慢長大，在孩子眼中大人的一句呵斥，都讓我們對需要仰視的成年人（長大後對權威）心存自卑；我們不可能面面俱到，八面玲瓏，對自己不如人之處也難免感覺自卑……

我們有無數可以自卑的理由，也就有了接納自卑的藉口——既然大家都自卑，我又何必在意我的自卑？

正是因為有了自卑，才有不斷朝完美努力的欲望，人，活

著才會有幹勁，有活力，有熱情，也因此，自卑也可以成為人不斷前進的動力。

所以你看，自卑具有如此奇妙的雙重效應。

雖然現在這個轟動一時的滅門案已經告一段落，但是值得我們深思的地方太多了。如果等到悲劇發生才想到去解決，那就為時已晚，畢竟這樣的代價是承受不起的。多少人都曾因為中了「自卑」的毒而走上了不歸路，例如幾年前轟動一時的馬加爵殺人案。為了防止這樣極端事件的發生，不再成為「自卑」的受害者，我們就要讓自己從自卑的陷阱中走出來。顯然，最好的方式是，讓我們因為「自卑」而受益，讓自卑成為推動我們不斷前進的動力，使自己變更好的法寶。

很多人產生自卑心理，是因為與其他人盲目比較所致。總有人在某方面比我們更強，從而擾亂了我們的心理平衡。如果我們把注意力放到自身上，與自己比較，只要某方面我們比上一次有了進步，哪怕是小小的進步，就會讓我們愉悅，也會令我們不斷享受進步的快樂。

不管別人看上去多麼光鮮，其實都有他不如人的地方。我們如果用己之短去比人之長，怎麼能不自卑呢？永遠記住，自卑可是具有雙重效應的。

・自卑最易埋藏在早期親子關係中

很多成年人的自卑來自於童年與父母的關係。一個看似自卑的人，其實不一定是當時所處的情境使然，而是由於人生早

期的人生經驗。

家庭除了給孩子提供必要的物質生活外，更重要的是要讓孩子感受到父母的愛。俗話說：「父母是孩子的第一任老師。」李磊在需要父母教育的時候，父母卻不在身邊。當和父母在一起時，他的父母對他的愛又只建立在他良好的表現上，只有當他懂事、聽話、成績等方面符合父母的要求時，他才能獲得父母的愛。他所做的一切，都是按照父母的意願做。如此的結果是他與真實的自己越來越疏遠，與父母情感上也越來越疏遠。原因在於他的孤僻，以及幾乎不與父母溝通。

由於缺乏溝通，李磊的父母也不知道他的真實想法，甚至認為他的沉默是性格所致，是因為他成熟了。以至於最後命喪自己兒子手中，他們仍然不知道自己孩子為什麼會這樣做。世界上很多慘案的發生，不完整的家庭教育難脫其咎。如果你已經為人父母或者即將成為父母，為了孩子的健康成長，為了家庭的幸福美滿，我們都應該重視家庭教育，尤其是要經常與自己的孩子溝通，了解他的喜怒哀樂，適時並恰當地給予物質或精神上的支援。

話說回來，如果感覺內心隱約有些的小自卑的朋友，不妨追溯一下自己的童年，看看是否能找到癥結。找到了癥結所在，在身體裡殘存多年的自卑，或許就能慢慢融化了。

· 從信念上開始排查

如何建立信心戰勝自卑呢？首先，就要了解是什麼阻礙了自信。好，你認真地閱讀下面幾行文字：

· 說自己想要什麼很自私；

· 人們應知道我想要什麼；

· 改變主意是錯誤的；

· 人們不該討論自己的情感；

· 我若說出真實的想法，就會失去朋友；

· 如果我拒絕了，人們就不會喜歡我；

· 我絕不能因為自己的煩惱去增添他人的負擔。

當你擁有這些想法時，就說明你缺乏自信心了。

為了能夠戰勝自卑，我們就必須在腦中改變這些認知。一個人的自信感能夠控制他自己生命的血液，並能將他的「堅定」堅強地運行下去。所以，不妨對自己腦中的這些信念不斷地提問，也可以尋求自己信任的人共同堅守這些信念。

· 因為自卑，所以超越

阿光是我的童年時期的朋友，現在我們依然是很要好的朋友。在高中時，他是班上公認的最自卑的人。因為他上課從不敢主動發言，也沒有什麼朋友，更不要說主動和女生談談理想人生那樣的話題了。大家都預言他將是所有同學中，最沒有出息的人。

　　轉眼間二十年過去了，大家透過各種方式又聯絡上了，準備舉辦一場同學會。在同學會上，大家都已褪去當年的青澀，一個個成熟而穩重。許多當年在班級裡活躍的同學，如今被生活磨練成了一言不發的旁觀者。還有阿光——那個被公認為將是全班最沒出息的人還是和當年一樣平凡得如一粒塵土，不出眾、不顯眼，也不高談闊論，依然靜靜地坐在角落裡。

　　幾個小時過去了，聚會到了高潮，每人依次上台講述自己的現狀和理想，還有對目前生活的滿意程度。大多數人目前的現狀不如當年剛考上大學時候的理想，對目前生活滿意者幾乎沒有幾個。

　　最後，輪到阿光上台了，他用平淡的語氣說到：「我目前擁有幾家公司，總資產達到幾百萬元，遠遠超過當年高中畢業時的理想。如果說還有什麼遺憾的話，就是我認為離那些我所欣賞的成功者還很遙遠。說實話，無論是在學校還是走向社會，我一直很自卑，感覺每一個人都有特長，都比我厲害。所以我要努力學習每一個人的特長，並且丟掉自己的缺點。但我發現無論我如何努力也總是無法趕上一些人，所以我就一直自卑下去。因為自卑，我把遠大理想埋在心底，努力做好的每一件小事；因為自卑，我將所有的偉大目標改成向別人學習的一點點的進步。進步一點，戰勝一個自卑的理由，同時又會發現一個自卑的藉口。就這樣，我一直活在自卑裡，卻也獲得源源不絕的前進動力。」

　　大家聽了阿光的話先是驚呆，後來爆發出一陣熱烈的掌聲。

　　我讀心理學時，學到著名的心理學家阿德勒（Alfred Adler）

的一個觀點：個體追求優越的欲望來自人的自卑，自卑感的主要來源是對缺陷的補償。

你覺得這個觀點有道理嗎？

即便是再優秀的人也曾經自卑過，但是自卑是可以擺脫的，而擺脫是從「接受」開始 ── 接受你「自卑」的壞情緒，接受自己的「缺陷」，他們就會幫你從所謂的負面情緒中吸收力量，那麼，所有的「缺陷」都可以滋養我們，成為自己不斷成長的力量之源。阿光的成功就體現了自卑帶給人的積極力量。

‧變自卑為「精進」的四個步驟

本篇的結尾，我從自身的專業角度，告訴朋友們變自卑為「精進」的四個小步驟。

第一步：發現自己的優點，並隨時記錄下來

抽出一點時間來發現自己的優點，如果自己想不出來，可以詢問一下自己身邊的人，然後逐步肯定自己的成果，並且有意識的在做事中讓優點得到進一步深入。許多人在應酬中總認為，由於他們沒有像別人那樣聰明、漂亮或靈活，總感到低人一等。其實，那是因為他們沒有發覺或表現自己的聰明才智。只有認知到自我價值，才有助於肯定自己，充分發掘自己潛在的聰明才智，使自己充滿自信，克服自卑感。

第二步：對自己進行積極的心理暗示

很多自卑的人總是會出現「糟糕，我又講錯話了」等思想，由於無數個這類想法在腦中閃現，就會削弱自我形象。克服這

種怯弱自責心理的良好方法是想像：把注意力集中到自己的感受，甚至是自己所品嘗到，聞到以及聽到一切上，並在腦中顯現你充滿信心地投入一項困難挑戰的形象。想像美好的未來，盡可能細化每個細節，你就會慢慢走向成功。這種積極的心理暗示會成為你潛意識的一部分，從而使你充滿自信，走向成功。

第三步：積極參加交際活動，增加成功的社交體驗

自信是從實踐的成功中所獲得的，第一次溜冰時我們可能會摔倒，但是經過不斷的練習，全力以赴去做事，我們可以像別人一樣成為溜冰高手。

第四步：找到你獨特的價值

智者說：每一個人都擁有天上的一顆星，在這顆星星照亮的某個地方，有著別人不可替代的專屬於你的工作。因此我們必須百折不撓地找到自己的人生定位，這需要時間，需要知識、才智、技巧，需要整個心智的成熟發展，最後形成屬於你自己的「個人品牌」，即你獨特的價值。

心理能量一：自卑—如何看待，決定不斷精進還是走向毀滅

心理能量二：猶豫 ——
「魚和熊掌不可兼得」是怎樣一種體驗

·事業與家庭，哪個更重要

最近李豔遇到了難題，她在選擇繼續考博士還是在家當全職媽媽的問題上猶豫不決。

李豔碩士畢業，正準備接考博士之際，發現自己懷孕了，她本想打掉孩子繼續自己的學業，但是在家人的極力勸阻下，她暫時放棄了考博士的打算。十個月後，寶寶平安出生，坐完月子，李豔又想起自己的考博士計畫，她白天上班，晚上回家一邊帶孩子一邊看書。可是孩子的哭鬧聲總是讓她靜不下心。就這樣放棄學業，李豔心有不甘，但是看著可愛的孩子，又捨不得送回老家撫養。

李豔每天都在這兩種抉擇中苦苦掙扎。晚上躺在床上時，她想起了自己的母親。很小的時候，李豔就一個人在家看電視、玩遊戲，到晚上很晚才能看到媽媽。學校的家長會都是外婆去參加，以至於許多小朋友認為她沒有媽媽。那個時候，她認為自己在媽媽心裡還不如工作重要，所以一直以來對媽媽都很冷淡。

心理能量二：猶豫—「魚和熊掌不可兼得」是怎樣一種體驗

李豔不想孩子重蹈自己幼時的覆轍，但是又不願意自己的人生計畫就此被打斷，在她心中，一直銘記著媽媽的話：「以後一定要當博士，這樣才能有出息。」到底該怎麼辦呢？

·激情與安定，哪個更靠得住

劉陽現在最怕面對的時刻，是和父母坐在一起吃飯，飯桌上父母永遠都是那一句話：「某某的閨女和你一樣大，孩子都會滿地跑了，你什麼時候才能有個歸宿呢？」

事實上，劉陽心裡和父母一樣著急，只是此時的她不知道該如何選擇。公司中的姜凱為人忠厚老實，各方面都很優秀，對她無微不至的關懷。可是總感覺和姜凱之間差一點什麼，那就是缺少火花，相處起來更像是朋友、親人，沒有心動的感覺。而這種感覺，偏偏只有遠在別的城市的陸航能夠給她。劉陽和陸航在公司的酒會上認識，陸航代表他的公司參加，短短一個星期的相處，兩個人就被對方所吸引，之後一直透過網路、電話聯繫。

陸航的家人、事業和朋友都在別的城市，劉陽知道陸航不會放棄這一切來找她。兩個人不只一次爭論過這個問題，陸航希望劉陽能夠到他所在的城市發展，並承諾會為劉陽安排好一切，但是劉陽卻遲遲做不了決定，一方面是自己現在發展的不錯，到了新的地方一切都要重新開始。更重要的是，劉陽忘不了三年前的那場經歷。

三年前，劉陽大學畢業，為了不與男友分手，她離開了從

小生長的城市，與男友到了他的城市。起初，他們很恩愛，但是男友的父母不喜歡劉陽，總是在其中百般阻撓。最後，男友竟在父母的安排下，瞞著劉陽去相親，對方有房有車有固定的事業，比起當時什麼都要靠男友的劉陽，男友的感情天平開始傾斜。

最後他向劉陽提出了分手，劉陽只好帶著滿身的傷痛回到家鄉，那時候才發現自己已經懷孕了，劉陽偷偷到醫院墮了胎，然後全部心思放在了事業上。現在兩個選擇擺在自己面前，劉陽猶豫了，她不知道自己該選誰。

・A 與 B 不可兼得的雙趨衝突

一般而言，我們在實際問題上需要做出選擇時，往往是由舊有經驗發揮決策作用，那些曾經的經歷往往會成為新問題處理上的一種標準，儘管這種標準不一定正確。但也因是這樣一個模糊的標準，致使自己在現在的選擇中徘徊不定。

李豔猶豫的根源在於她的母親。李豔從小的記憶中，多是一個人在家獨處，媽媽一直忙碌，直到很晚才能回家，這是典型的女強人母親。她全部的注意力都放在工作上，對孩子的關愛甚少，給年幼的李豔造成了成長過程中的深遠影響。所以，李豔會自然而然地認定，如果自己選擇學業，就會嚴重忽略孩子，這與她幼時的成長經驗中已經充分體驗。在內心深處，李豔認為母親對不起自己，所以她不願意做第二個「母親」，不想對不起自己的孩子。

心理能量二：猶豫—「魚和熊掌不可兼得」是怎樣一種體驗

　　道理似乎不複雜，但既然這樣，李豔就可以放棄學業去專心照顧孩子，而她為什麼還要猶豫呢？這就引出了另外一個原因，即李豔內心中對母親認同的那一部分。這一點也許李豔自己都沒有意識到，她努力追求學業以及事業上的成功，她的潛在動力也源於母親，因為母親很優秀，她不允許自己比母親差。也許在她的幼年時期，還有不少人在她面前讚揚過母親，或者在不同程度上，她感受得到母親那種來自工作上的自信，這就更使得她認為自己應該像母親那樣，這種影響也同樣自然而然的發揮作用。

　　現在，你基本上可以理解猶豫是一種心理衝突的表現了吧。實際上，日常生活中，很多人在某些事情上都會不同程度地表現出遲疑、不果斷、做事拿不定主意，這是當事人對價值觀不能做出輕重緩急的排序所導致的結果。尤其當人們面對多重選擇時，就更會出現猶豫的衝突心理。

　　沒錯，猶豫是生活中困擾我們的一大難題。適當的猶豫也許可以幫助我們理清思緒，做出正確的選擇，但是過分的猶豫則會對我們的生活產生影響，甚至帶來負面效果。

　　猶豫，是因為人們的需求得不到滿足，目標的實現受到阻礙，於是就容易產生挫折感。

　　在心理學範疇，猶豫，反應的是人的「雙趨衝突」。雙趨衝突是指兩種或兩種以上目標同時吸引個體，而個體只能選擇其中一種時所產生的內心衝突。「魚，我所欲也；熊掌，亦我所欲也。二者不可兼得」就是一種雙趨衝突。

　　故事中的劉陽，她的過往經歷同樣也造成了她如今對愛情

的兩難選擇：是冒險還是要安全？追求激情之愛，可能受傷，但是接受平淡之愛卻又心有不甘。

印度詩人泰戈爾（Rabindranath Tagore）說：「如果你因錯過太陽而哭泣，那麼你也將錯過星星！」要解決這種衝突，必須放棄一者，或者同時放棄二者而追求另一折中的目標。

·選擇所愛，愛所選擇

「魚和熊掌不可兼得。」 是我們都很熟悉的一句老話，它很恰當地詮釋了我們在一定程度上，未能對自己的價值觀做清晰明確的排序。

在李豔的猶豫上，可以看出李豔一方面認同了母親追求事業，另一方面在責怪母親當初的選擇。當李豔內心完全理解了母親，接納了這矛盾，自己就會從糾結狀態中獲得紓解，從而做出進一步選擇。

李豔在學業和孩子之間的猶豫，體現了兩種價值觀，一種是家庭為重，一種是事業為重。她對母親的事業追求既認同，但同時又因為自己童年被忽視而不接納，她因為不能整合這一對「矛盾」，沒有完全理解母親、接受母親，因此，才會在自己這裡體現為兩種價值觀交鋒，她才會陷入兩難的境界中。如果她能體會到這種為難，也能追溯和理解母親的為難，看到母親追求事業時對女兒同樣也很內疚的一面，融合了這一對矛盾，就能接納自己的作為，不論哪一種選擇，就都會安心接受了。

如今已經成為母親的她，如果能體會這兩難選擇，恰好是

心理能量二：猶豫—「魚和熊掌不可兼得」是怎樣一種體驗

理解母親當時為難心境的契機，是治療母女關係的一個契機，從而也將不再承擔這種兩難痛苦。

一個人，如果不能接納別人，痛苦就會在自己身上再次循環，進而體會相同的痛苦。只有當我們真正接納了別人，才能最終接納自己。

對於劉陽而言，她在兩個優秀男性之間的猶豫，其根源在於她曾經受過的傷害。因為她曾為愛情離鄉背井，卻遭到了背叛。所以當再次遇到異地戀時，她害怕自己會重蹈之前的覆轍。所以，儘管她並不愛忠厚老實的姜凱，但是姜凱給她的安全感，還是讓她猶豫了。影響劉陽選擇的根本在於她對情感的核心價值觀的訴求，一旦認定了對於自己來說最重要的東西，選擇的結果也就自然會浮現了。

但是，不論做哪種選擇，我們都無可避免地失去有價值的東西，如果不是這樣的結果，我們也不會如此猶豫痛苦。那麼，對於這種結果，我們一定要坦然接受，因為這個結果產生的前提，是我們考慮了對自己最佳利益的情況下失去的東西。就好像太陽和星星，你不能兩個都想要，但是，我們要搞清楚當下是需要太陽的炙熱還是需要星星的浪漫。

選擇自己所愛的，愛自己所選擇的，不要選擇了 A，心裡卻心心念念想著 B，這樣只會給自己增添更多的煩惱。

· 改變猶豫的四種方法

一、將猶豫用筆頭清晰表達出來

要知道，使自己產生猶豫的原因不是現實上的衝突，真正的衝突來自內心的某些信念。如果只是解決表面上的衝突，只能治標不治本，矛盾並沒有得到真正的解決。當感覺矛盾的時候，不妨找支筆，將矛盾雙方分別列出來，看看自己最後恐懼的到底是什麼，當我們將兩條線索清晰化，就會越來越逼近問題的核心，自己才能看清楚矛盾的根本所在，從而找到解決問題的辦法。

當我們肯不斷地去問自己「為什麼」的時候，就能夠慢慢看到自己的內心，做出適合自己的選擇。

二、學會折中

很多時候，我們把問題看得過於絕對，任何選擇都有無數個中間過渡層次，而非黑即白，非對即錯，非此即彼的信念容易讓我們陷入僵局。

三、多接收對自己的選擇有利的資訊

如果你已經做出了選擇，就多多收集和強化對自己選擇有益的資訊，堅信，選擇的就是最好的，之後無論發生什麼，只要去接受和順應就可以了。

四、尊重自己的內心做選擇

有的人在做選擇時，會習慣性地想他人會怎麼看自己，導

心理能量二：猶豫—「魚和熊掌不可兼得」是怎樣一種體驗

致本已做好的決定開始動搖。或者總是向別人詢問自己該怎麼辦，其實我們才是自己生命的主角，答案都在我們自己的心中，只要我們願意向內去挖掘，一定能找到解決問題的方法。每個人都有自己的主觀性，他人給出的答案往往都是自身經驗的結果，不一定適合自己，而且還可能給自己設定了障礙。如果想尋求外援，可以尋找專業的心理諮商來幫助自己，心理師會讓你更清楚地認識自己。

心理能量三：空虛 ——
當你的靈魂已跟不上你的腳步

・患上「成功後遺症」的男士

李明陽的童年是在無憂無慮中度過的。上學後，他的人生就此發生了改變。

家長和老師都希望聰明伶俐的李明陽能夠在學校中好好學習，將來有一番作為。於是經常在他耳邊說：「上學的目的就是好成績，長大後才能找到好工作。」卻沒有人告訴他，要在學習中獲得快樂。

李明陽幼小的心靈整日害怕數學算錯題，擔心作文寫錯字，背負著極大的焦慮和壓力。他每天上學就開始等待下課和放學，他最大的精神寄託就是每年的假期，因為只有那時，他才不需要為學校的事情煩惱。儘管他這麼不喜歡學校，但是他仍然相信老師和家長所說的都沒有錯，贊同成績就是學習成功的唯一標準，所以他一直很努力地學習。

儘管學習上的壓力有時難以承受，但強大心理壓力狀態下所取得的優異成績，還是得到的父母和老師的誇獎，還有同學們的羨慕。在這樣的學習狀態下，李明陽順利升上高中。學習

心理能量三：空虛—當你的靈魂已跟不上你的腳步

楷模的頭銜和榮耀的力量推動著他繼續前進，當壓力大到無法忍受時，他安慰自己說：「再堅持一下，上大學後一切都會變好的。」終於等到上大學那一刻，拿到錄取通知書的李明陽激動落淚，他告訴自己：「我再不用這麼沉重地學習了，終於可以開心地過屬於我自己的快樂生活了。」

但沒過幾天，曾經熟悉的焦慮又再次襲來。他擔心不能在和同學的競爭中取勝，如果無法擊敗他們，將來就找不到理想的工作。因此，在大學四年中，他繼續忙碌地奔波著，努力地為自己未來的履歷表增添色彩：成立學生社團，做義工以及參加多種運動項目。他小心翼翼的選修課程 —— 一完全不是出於興趣，僅是為了更好的成績。

皇天不負苦心人，剛畢業，李明陽就被一家著名的公司錄用。他再一次興奮地告訴自己：「這次可以放心地享受生活了。」然而這種「享受」僅僅維持了幾天，因為他認為自己必須努力工作，小小的犧牲沒關係，這樣工作才會穩定、才會更好。當然，他也會偶爾地開心一下，那就是他在完成了一些艱難的任務之後，但這些快樂的時光，來自於如釋重負的感覺，並不能持續很久。

經過李明陽多年的努力，他為公司做出了很大的貢獻，公司邀請他成為合夥人，並在高級住宅區裡為他購置了一套房，配了一輛名牌的跑車，他銀行的存款一輩子都用不完。但這一切，並不能讓他開心起來。

更為諷刺的是，李明陽被身邊的人當作是成功的典範，不管是朋友還是小孩，都會把他當作自己的學習榜樣。李明陽想

不明白的是：為什麼那些每星期工作八十小時的人們，仍然對工作抱有極大的熱情。而他在擁有了一切後，卻仍然感覺不到快樂。

· 一個被毒魔魔爪纏住的農場主人

石昆是的一個小農場主人，在他和妻子的苦心經營下，農場已頗具規模，再加上兒女聰明乖巧，夫妻恩愛，一家人過著平淡而幸福的日子。然而好景不長，這一切卻被毒品這一惡魔給毀了。

原來在一九八八年的夏天，石昆的妻子因為意外而離開人世，巨大的打擊使石昆終日情緒低落、萎靡不振。內心極度空虛的他，在他人誘惑的之下，石昆吸食了第一口毒品。毒品果然是迷人的惡魔，當罪惡的白煙飄入石昆口鼻時，真的讓他暫時忘卻了喪妻之痛，飄飄欲仙起來。欣然沉醉著的石昆渾然不知，毒魔的魔爪已經牢牢地纏住了他。漸漸的，石昆開始迷戀毒品帶給他的銷魂時刻。

於是，他利用自家地處深山老林的優勢，在地裡撒下了那罪惡的種子。從此石昆便過上了「自產自銷」的逍遙生活，並且一發不可收拾。幾年下來，小農場因他無心經營，而出現虧損，他的身體也日漸消瘦，變得體弱多病。石昆看著眼前衰敗的農場和幾頭弱不禁風的奶牛，不禁悲從中來，當年農場豐茂、妻兒歡笑的畫面不斷在腦海裡環繞。於是他痛下決心：我一定要戒毒！

心理能量三：空虛─當你的靈魂已跟不上你的腳步

石昆下定決心後，在接下來的五年裡，他沒再沾過一口毒品。石昆再次將精力放在農場上，他覺得自己彷彿又回到當年與妻子共同創業的初期，辛苦卻充實。由於經營得當，生意越做越大，石昆還被聘為一家知名乳業的總代理商。一年八十多萬的利潤讓石昆短短幾年間一躍成為當地有名的富翁。石昆的兒女也漸漸長大成人，有了自己的事業、家庭以及豐厚的資產，也都用不著石昆操心了。

俗話說「飽暖思淫欲」，富有起來的石昆交際變廣了，朋友也多了，但每天重複的生活平淡又無趣，讓他備感空虛。二○○三年的一天，一位老友登門拜訪，留宿石昆家。晚上他倆相談甚歡，這時朋友摸出隨身攜帶的毒品，在朋友一再引誘下，他接過了朋友遞過來的錫箔紙，點燃了打火機。毒品飄出的白煙化成了魔爪，再次緊緊地纏住了石昆……

當石昆八十多歲的老父親生病將不久於人世的時候，老父親拚了命地直起身體，用蒼老的手死死抓住骨瘦如柴的石昆，老淚縱橫，艱難地說：「兒啊，把毒戒了吧！你看你還像個人樣嗎！」看著父親滿是皺紋的臉，石昆再次流下了眼淚，緊緊握住老父親的手堅決地說：「爹啊！我戒！」於是石昆再次踏上了戒毒之路。

· 空虛感的形成從喪失自我開始

從李明陽的經歷來看，他一味地追求優秀，卻忽略了自己精神上的需求，這樣的人生即便是他人羨慕的，卻不能讓他感

到充實和幸福。李明陽擁有的名和利沒有帶來實質上的愉悅，其實他是患了「精神空虛症」。

當一個人失去自我時，就會陷入空虛的黑洞。李明陽從小就聽父母及老師的話，他認為只有學習好，才是好孩子，所以他努力學習，因此取得了優秀的成績，得到了表揚。這種觀念一直占據著他的心靈，包括他上大學，工作以後，仍然受這種觀念的影響。

在他的心中，他不知道自己要成為一個什麼樣的人，只知道他要成為父母、老師所說的那種人，在這個過程中，他忽略了自己的真實感受，失去了自我，成為了只為獲取別人的評價而生活的人。最終，即使是取得了主流社會所認可的「成功」，但是他依然不快樂，因為，他缺少了屬於自己的靈魂。

其次，物質生活和精神生活失衡，也是人們陷入空虛的因素。有的人每天忙著賺錢，卻不知道賺錢的目的是什麼，所以儘管他們腰纏萬貫，但還仍然感到空虛。只用物質榮譽的刺激來滿足精神上的低層次的需求，沒有進一步提升自己的精神境界，從而產生了空虛寂寞的感覺。石昆兩次吸毒的經歷就是最為慘痛的例子。

很多人認為「幸福」是與財富和社會地位緊密聯繫的，因此，進入了「唯物質」的迷宮，進入了「打敗別人才優秀」的錯誤思想裡，生活中充滿了緊張、嫉妒和比較，幸福快樂從何說起？

最後，沒有理想的人，很容易迷失自我，感到空虛。李明陽的努力，是因為他沒有自己的理想，他為之努力的「理想」並

心理能量三：空虛—當你的靈魂已跟不上你的腳步

不是他自己的，而是父母老師「強加」於他的，儘管他一直很努力，卻沒有找到努力的根據，當他取得一定的成就後，就不知道自己的將來該走向何處，於是無聊的情緒湧上心頭，便造成了心理上的營養失調。

從心理學的角度來講，空虛實際上是一種心理狀態，精神和內心的空虛對人的身心健康毫無益處。它使人無所追求，沒有寄託，沒有精神支柱。

常常感到空虛的人，無一例外地會對理想和前途失去信心，對生命的意義沒有正確的認知，喪失了對生活的追求和對事業的熱情。由於空虛的人沒有人生目標，或者他們不知道目標有什麼意義，所以他們對自己從事的工作也會漸漸喪失熱情，處於例行公事的狀態。

同時，由於精神世界的匱乏，找不到生活的樂趣，所以空虛的人常常使用低層次的物質刺激滿足自己，例如，抽菸、酗酒、濫交、吸毒，甚至是自殘，為的只是一時的快感，但這樣的後果是形成惡性循環，進入新一輪的沉迷。

日常生活中，我們常常看到那些城市中的閒逛者，鄉村中各個角落的發呆者，他們多處在打發無聊時間的生存狀態中，他們沒有設定人生目標，凡事無所適從，這不正是空虛者最本來的樣子嗎？

·幸福的，才是真切的

　　很多人把金錢和社會地位看成是人生的目標，以為只要「成功」了，就可以減少自己的負面情緒，然而，這樣的人生目標會很容易讓我們陷入空虛的深淵，如上面兩個案例中的「成功男人」，當他們發現以往生活中所有的努力和犧牲並不能帶來幸福時，就會感到迷茫和崩潰。努力爬了半輩子的梯子，最後發現這裡卻不是自己想要的地方，這種感覺無疑是帶有毀滅性的。

　　於是，人很容易進入空虛狀態，相信世界上再也沒有什麼東西能給自己帶來快樂，於是就去找尋一些破壞性的解除痛苦的辦法。

　　人們容易把物質作為幸福的標準，卻不能以內心的聲音作為決定的因素，那是因為在遠古時代，充足的物資決定著人類是否能夠生存下去，因此，儲蓄便在人類不斷的繁衍進化中成為了習慣。因此，很多衣食無憂的現代人，即便有充足的保障依然在拚命儲蓄。

　　另外，金錢和社會地位容易計算、容易衡量，而情緒、感情和對自身的意義很難衡量，因此，物質至上成為社會很普遍的信念。但是，金錢能買來房子，卻不能買來家庭；金錢能買來妓女，卻買不來不離不棄的愛情。

　　心理學家大衛·邁爾斯（David Myers）和他的同事們發現，幸福與財富之間的關聯性非常低。就美國而言，近五十年來一代代人的富有程度越來越高，但是幸福指數卻沒什麼變化。

　　有些人以為高收入就等於能夠獲得快樂，但是，事實上這

個說法是虛幻的。高收入的人對生活會比較滿足，但不會因此比其他人更幸福，甚至他們壓力更大，生活更加緊張，也不太會去享受生活。

　　唯有把「幸福」而不是「名利」當成是人生的目標，我們的人生才能尋著這個線索導向一個積極健康的領域，我們才能夠更快樂地學習、工作和生活。

・「日行一善」有什麼意義嗎

　　他父親是位大莊園園主，很大很大的大莊園園主。

　　七歲之前，他過著所有莊園園主之子的舒適生活。這之後，他所生活的那個區域，一場突然爆發的革命，轉眼把他的舒適日子全部粉碎。

　　當家人帶著他在美國的邁阿密登陸時，他就已經知道，全家所有的家當，是他父親口袋裡的一疊已被宣布廢止流通的紙幣。

　　為了生存，全家人都要去工作賺錢，十五歲的他也要外出工作。每次出門前，父親都這樣告誡他：只要有人答應教你英語，並給你一頓飯吃，你就留在那替人家做事。

　　他的第一份工作是在海邊小餐廳裡當服務生。由於他勤快、好學，很快得到老闆的賞識，為了能讓他學好英語，老闆甚至把他帶到家裡，讓他和他的孩子們一起玩耍。

　　一天，老闆告訴他，給餐廳供貨的食品公司將招收行銷人員，如果想要的話，他願意幫忙引薦。於是，他獲得了第二份

工作，在一家食品公司做推銷員兼貨車司機。

臨去上班時，父親告訴他：「我們祖先有一遺訓，叫『日行一善』。在家鄉時，父輩們之所以成就了那麼大的家業，都得益於這四個字。現在你到外面去闖蕩，我不能經常這樣叮囑你了，所以你最好能記著。」

當他開著貨車把燕麥片送到大街小巷的店時，他總是做一些力所能及的善事，比如幫店主把一封信帶到另一個城市；讓放學的孩子順便搭一下他的車。就這樣，他愉快地做了四年。

第五年，他接到總部的一份通知，要他去墨西哥，統一管理拉丁美洲的行銷業務，理由據說是這樣：該職員在過去的四年中，個人的推銷量占佛羅里達州總銷售量的百分之四十，應予重用。

後來他的人生，似乎有點出人意料的順利。他打開拉丁美洲的市場後，又被派到加拿大和亞太地區；一九九九年，被調回了美國總部，任執行長。

就在他被美國獵頭公司列入可口可樂、高露潔等世界性大公司執行長的候選人時，美國總統布希（George Walker Bush）在競選連任成功後宣布，提名卡羅斯·古鐵雷斯（Carlos Miguel Gutiérrez）出任下一屆政府的商務部部長。這正是他的名字。

如今，你搜索一下就會知道，卡洛斯·古鐵雷斯這個名字已成為「美國夢」的代名詞。

很勵志的故事對吧？但你可能會問我，這和空虛這主題有任何關係嗎？當然，關係很大。在生命中的某些時刻，我們總會被那些或大或小的事情所感動，卡洛斯·古鐵雷斯的人生故

心理能量三：空虛—當你的靈魂已跟不上你的腳步

事，就是讓我們有了這份踏實的感動，但從另一個角度來說，我們自己是否也能在人生成長的分分秒秒中「日行一善」，做出感動他人的那些小小事情呢？

人生的感動和價值就是在這樣去感動和被感動的狀態中不斷實現，幸福感的獲得和存在的最大意義也在這樣的投入中得以實現，當我們的靈魂始終與我們前進的腳步相差不遠時，我們自然而然地把「空虛」從我們的人生字典中扣除掉了。

一次去超市的路上，看到十字路口紅綠燈的紅燈仍在閃爍時，一隻義警大叔及時吹響了口中的哨子，一隻欲「闖紅燈」的流浪狗，也許是聽懂了這裡面的愛的信號，真的就乖乖回來，趴在距離大叔不遠的地方。大叔向對待一個幼稚園的小朋友一般，告訴牠綠燈還沒亮，很危險，要聽話。

我瞬間感動得濕了眼眶，我感到生活是美好的，我自以為地相信大叔的腦海裡沒有空虛無聊的念頭，這當然不是一個空虛無聊之人面對生命、生活的態度。

你瞧，「日行一善」所蘊涵著的人生主題、生活態度絕不那麼簡單吧。

·走出內心的盲點

空虛就像是一個黑洞，無法形容，捉摸不定，具有極強的吸引力，一旦我們被捲入這個黑洞中，整個人就會被空虛所束縛，變得無所適從。越是想要擺脫，越會深陷。

所以，除了勵志故事，我給大家更實際一點的建議，以此

幫助大家重新找回自己，重新拾起童年時候的夢。請你相信，只要你能多對別人奉獻一些愛，為自己的目標而努力，找到自我存在的價值，就能夠從空虛的沼澤中解脫出來。

一、樹立健康積極的人生觀

空虛的人「看破紅塵」，總是覺得人生不過如此，做與不做都沒有什麼區別。所以成天躲進虛無的世界裡打發時間，或者早上一醒來就發愁怎麼度過漫長的一天。這些都與沒有樹立積極健康的人生態度有極大的關係。人生態度是人在面對生存時最基本的態度準則，它的好壞直接影響著一個人在這個世界上的生活境況。

一個人態度積極即使時運不濟也能堅強地活下去並改變自己的一切。但相反即使生活一帆風順，他也會覺得人生沒有多大意義。不妨多看看符合自己反向心理狀態的名人傳記，向他們學習，從而對前途與理想有一個正確的認知，樹立崇高積極的人生觀和價值觀。

二、建立適合自己的理想目標

一個人心中的空虛往往是在胸無大志、沒有追求、沒有理想的情況下，覺得自己的生活沒有意義而出現的；或者是理想不切實際，使自己難以實現。因此，調整自己的生活目標，建立一個符合自己實際的理想（哪怕這個理想對他人來說是微不足道的）是十分必要的。有的人樹立了一個不符合自己實際的目標，當他們在追尋這個目標過程中，會覺得這個目標沒有意義或者莫名其妙，從而導致了空虛無聊的產生。根據個人的具體

心理能量三：空虛—當你的靈魂已跟不上你的腳步

情況，給自己一個合適的定位，制定出長期規劃和近期目標，以充實生活內容，你就會覺得自己的工作及生活不再枯燥乏味。

三、培養高雅的生活情趣，建立良好的生活習慣

培養高雅的情趣，提升自身精神境界，在生活中尋找樂趣，用有意義的活動和習慣充實自己有助於消除空虛。如在工作之餘，少去酒吧、夜店這樣的刺激性場所，找個美好的一家店去感受、閱讀，栽種花卉，或者去野外郊遊、登山，參加一些體育鍛鍊等等，很容易把自己從外在的尋找狀態回歸到自我內心安定從容的狀態中。

四、爭取得到支援

當一個人由於空虛或失意而心煩意亂時，特別需要有人給以力量，予以同情、理解和支持。只有在獲得支持時，才不會覺得孤立無援。廣交朋友以求好朋友的勉勵和幫助，這是社會支持的重要方面。當然親屬之間的支持也是必不可少的。

五、全心地投入工作之中

工作和勞動是擺脫空虛的極好措施。因為當一個人的精力集中到工作和勞動中時會有一種忘我的力量，並從工作中看到自身的社會價值，使人生充滿希望並解除不良心態的痛苦。

一個人只要有所追求並敢於面對問題、面對現實、面對挫折、就不會被困難嚇倒，不會被沮喪和空虛長期困擾，並且能夠從挫折和失敗中吸取教訓，總結經驗，戰勝空虛，重塑自我！

心理能量四：失望 ——
「受害者」慣用的對外歸罪情緒

·他給不了我要的幸福

昨天是我的生日，一整天我都沉浸在猜想中，猜想回家後丈夫會給我什麼驚喜，是一頓精美的燭光晚餐？還是結婚時沒錢買的鑽戒，他答應一定會補送給我，會不會就是今天呢？就算不是鑽戒，一束玫瑰花也好啊。

就這樣在猜想中度過了一整天，下午下班回到家，發現老公還坐在沙發上看電視，屋子裡彌漫著米飯的香氣，見到我回來，老公立刻笑著說：「老婆生日快樂，今天是你的生日，所以我一回家就把家裡打掃了一遍，還蒸了米飯，表現不錯吧。」聽到這裡，我的心立刻涼了一半，原來什麼禮物都沒有。

我極力掩飾自己的失望之情，心情低落地做好了菜。晚上躺在床上，回想起自己這些年的生活，發現自己什麼都沒做。當年懷著對幸福的憧憬嫁給老公，他還鄭重其事地在我父母面前保證會讓我幸福，然而五年過去了，我從未體會過幸福的滋味。依舊沒有自己的房子，沒有車子，就連孩子也不敢貿然生下來，就怕不能給他好的生活。

心理能量四：失望—「受害者」慣用的對外歸罪情緒

越想越感到鬱悶，想不明白自己為什麼嫁給這樣的男人，不會賺錢就算了，還不懂得浪漫，把自己當初的誓言忘得一乾二淨。大好的青春就這樣浪費掉了，忽然間覺得很委屈，眼淚瞬間打濕了枕頭，想離婚去尋找幸福，可是考慮自己已經三十歲，不再青春年少，又不敢輕易下決定。

現在的我很矛盾，徘徊在是否該離婚的邊緣，做什麼事情都提不起興趣。

敘述者　馬豔

·我有個令我失望的孩子

從小我的家境就不好，考上了高中，但是因為學費和將來的就業問題，選擇了高職。高職學的是服裝設計，成績十分優秀，導師一再保證我一定能夠考上藝術大學，但是我在父母的緘默下，選擇了到服裝廠做一名縫紉女工。

直到孩子出生後，看著聰明機靈的孩子，暗自發誓一定要給孩子最好的教育條件，供他上高中，上大學，出國留學，以彌補我的遺憾。孩子上小學以後，由於年紀小，成績一直處於中上水準，為了全心全意指導孩子，我辭掉了工作，一邊自學大學課程，一邊輔導孩子功課。同時，還幫孩子報了小提琴班、數學班等課外補習班。對此，孩子總是在我面前抱怨玩的時間太少了，每到這個時候，我就會狠狠數落他一頓，直到他乖乖去學習。

老公常年在外出差，基本上經濟方面不用我操心，我的一

門心思全放在了孩子身上。為了讓他一門心思學習，我從來不讓他做任何家務，上了高中後，孩子的內衣襪子都是我來洗。而且為了能夠繼續輔導他，我常常在他還沒有上課之前，就把他所要學的內容看一遍，直到自己弄懂後，然後再輔導他。

眼看孩子就高三了，為了能夠讓他考上一所好大學，幾乎每個家長能做到的事情，我都做到了，別的家長做不到的，我也都做到了。然而最近孩子卻越來越不聽話，先是老師打電話告訴我他蹺課，接著就是晚上一點多才進家門。面對我的質問，他毫不在乎地說是為了給同學開歡送會。我聽後頓時火冒三丈，揚手給了他一巴掌，他不但沒有認知到自己的錯誤，反而對我大聲說我不理解他，然後便奪門而去，兩天沒有回家。

最後在員警的幫助下，孩子終於回來了，我卻因為太過生氣而躺在了醫院裡。我實在想不通自己做錯了什麼，我一心只為他好，他不但不理解，反而跟我作對，為他做了那麼多的犧牲，他卻令我如此失望。

講述者 金玲

· 人為什麼會失望

失望是悲傷、憂鬱、恐懼和悲觀情緒的總和，剛開始感到消極、被動、自卑，同時缺乏活力。當人們有所損失的時候，就會出現失望的心理狀態，它與人們的情緒有著密切聯繫。

上述案例中的馬女士，就是在自己的期望得不到實現的情況下，對生活失望的表現。這也反應了很多女性的「依附者心

心理能量四：失望—「受害者」慣用的對外歸罪情緒

理」，即把自己的幸福快樂寄託在丈夫的身上，一旦丈夫不能滿足自己的需要，便會產生失望情緒。這種依附心理的存在會讓女性經常性的失望，因為沒有一個人能背負另一個人的生命。女性只有把需求放在自己的身上，自己為自己的生活負責任，才能抵制「失望」這種情緒。這時候配偶的給予，不是應該理所當然，而是會充滿了感恩。由此，親密關係也會更加改善。

當孩子的表現達不到父母的期望時，父母就會表現出失望，只是根據期望程度的高低，失望的程度也會有所不同。

通常情況下，家長認為孩子沒有達到自己的要求，是孩子本身不夠努力，而實際上，是因為家長把自己曾經的願望，加注在孩子身上。普通父母，在自身的發展受限之後，很自然地渴望孩子能夠超常的發展和成功，他們做出選擇，也負荷著這個選擇帶來的得失與結果。從案例中可以看出，金玲在上學期間，因為經濟原因，錯過了上大學的機會，這對她而言是畢生的遺憾。所以，她不想讓自己的遺憾重複出現在孩子身上，與其說是為孩子好，不如說是她想透過孩子，來完成自己沒有上大學的遺憾。

與此同時，家長對孩子的過分付出，使得自己失去了享受生活的機會，失去了自我，不能發展自己的事業，沒有自己的社交圈等。因此，家長認為孩子應該對自己懷有感恩之心。當孩子不但沒有表示出感激，反而更加叛逆的時候，家長則會非常失望。

從心理學的角度分析，產生失望的原因具體有以下五種：

一、看待問題的態度比較消極，哪怕積極的事情，也會用

消極的態度看待，導致悲觀的失望心理。例如，馬女士和老公結婚五年了，而老公還記著她的生日，而且還主動承擔了一部分家務，這與許多忘記妻子生日的人相比，已經做得很好了。馬女士若是能夠以這樣的心態來看待，就不會產生極端失望的情緒。

二、生活中接二連三地遭遇挫折，也是人們出現失望的主要原因。

三、對自己的失去導致失望心理，這主要由於個人對自己的評價過低，看不到自己的優點，認為自己一無是處。

四、未經過研究調查的事情就妄下結論，憑著主觀臆斷加以揣測，結果不如自己猜想的那樣，於是導致悲觀失望的心理。

五、同時，誇大事情的複雜程度，也容易導致失望心理產生。

失望會讓人感到痛苦，有的人由於極度失望而深深陷入痛苦之中，以至於認為若沒有希望，就沒有痛苦的消極態度。讓生活在「無希望 —— 無失望 —— 無痛苦」的路線中迅速下滑。

同時，失望還表現在經常看到消極的一面，他們的注意力過多地集中在消極的一面，因此看不到積極的一面。

失望的情緒，會影響到我們的生活，挫折多的人出現的是失望情緒多，但強度不大；挫折少的人出現的失望情緒少，但是強度大。在某些活動中的表現為：活動剛開始時和活動就要結束時遇到的阻礙對人的影響最大，而中間受到的阻礙則影響較少。自身因素引起的挫折比客觀因素引起的挫折對人的影響大。那些偶然出現的挫折，比實現有預料的挫折對人的影響

心理能量四：失望—「受害者」慣用的對外歸罪情緒

更大。

失望可以分為暫時性失望和長期性失望。

當自己需要的事物暫時消失，在以後的情況有可能再次得到，或可以透過其他的事物予以代替，這時人們就會出現短暫的失望。如：想買的東西沒有買到、錯過了一次火車、由於某種原因不能參加聚會等。通常，暫時性的失望程度較大，但是消失地也很快，不會持續很久。儘管這種失望很多，但是卻不會對人造成大的影響。

當人們失去的東西是永久性的或是長期性的，對自己而言是難以彌補的，是自己無能為力的，就會出現長期性失望。如：遭到愛人的背叛、總是無法瘦下來的身材、日益下降的健康狀況等。通常，長期失望在初期的程度較大，隨著時間的推移，會越來越小。這種失望會長期影響一個人，甚至能夠影響一生。

還有一種長期的失望是累積型的，多次的短暫失望，總是得不到彌補，就會累積成長期失望。如，馬女士對她老公的情感，不會因為一次生日就產生如此強烈的失望，而是生活中的許多小事失望積累而成。

失望與希望實際是一個事物的兩個極端表現，在兩個極端中有不同程度的失望和希望，又是二者難以區分，往往是一念之間的轉變。

· 孩子不是家長人生的續篇

　　不知道你是否有所感悟：其實，沒有外人能讓自己失望。失望的人只是講了一個不能滿足自己的故事，然後讓自己失望而已。如果我們把令自己失望的情緒歸罪到外界，而不承擔自己失望的責任，那麼，會永遠生活在「受害者」的錯覺中。如果我們不把滿足自己的欲求放在外界，那我們也就不會失望。

　　對孩子失望和對配偶失望，是我們在親密關係中經常看到的問題。這不僅破壞我們的親密關係，也嚴重影響著我們的生命品質。那麼，我們該如何看待這兩種失望呢？

　　像案例中金玲這樣的父母很多，因為沒有機會完成自己的追求，於是，他們把希望寄託在下一代身上，希望孩子能替代自己實現的夢想。可是，這對孩子公平嗎？

　　張炘煬這個名字可能你有所耳聞，他是曾經被媒體廣泛報導的當年全國最小的大學生，我的一個同學和他是遠房親戚，所以我對他的情況瞭解更多。他的父親當年曾有機會繼續進修學業，但是卻因為某些原因未能如願。因此，他的父親渴望在兒子這一代能結束「平平淡淡」的人生。但是，當這位父親在接受記者採訪時說道：「別看我們碩士畢業又考上博士了，我說也不見得是成功，一是花了多大心血這就不說，孩子也失去了不少，我們也不能說這就是最好的……」張炘煬父親的一番話，道出了只注重成績的缺陷，那就是失去更多其他的東西。比如，友情、社會經驗、童年的快樂，甚至還會影響他的道德觀。

　　不僅張炘煬在快速成長的過程中丟失了很多，他的父母更

心理能量四：失望──「受害者」慣用的對外歸罪情緒

是丟失了最重要的「自我」，他們為了張炘煬的學業一路陪讀，十幾年的時間裡，只要孩子在，夫妻倆從來沒看過電視，即使是無聲電視。也幾乎沒有在家接待過客人。

每一個太空人都有這樣的體驗，當火箭升空加速時，會出現超重，飛行器裡的人會有嚴重的壓迫感，這是速度帶來的結果。同樣，在學習中不斷的施壓，也會讓孩子的心理產生嚴重的壓迫感。

當孩子感受到這樣壓力時，他會反抗，金玲的兒子出現了叛逆，這是因為他要尊重他自己，張炘煬也曾對媒體坦承由於沉迷電腦遊戲，險些不能完成碩士的學業，甚至有過因此而自殺的念頭。

所以，不要試圖透過孩子來達成自己的理想，讓孩子成為自己的傀儡。讓他們能夠按照自己的意志自由發揮出自己的天賦，追求自己想做的事情，享受內心的秩序與安寧，父母最應該做的，是幫助孩子成為他自己，而不是成為自己理想中的那個孩子。

有些家長把自己的願望加注在孩子身上，是對現實的一種逃避，面對自己的理想，他們沒有勇氣繼續追求，便希望孩子繼續自己人生的續篇，作為孩子，他們的成長雖然需要父母的「引導」，但是卻不應該背負父母的人生，尤其是在心不甘情不願的壓力之下。這對孩子而言，是不公平的。

每個時代都有其獨特的特徵，父輩的經驗與遺憾是屬於自己生命中的一部分，而孩子的人生，還需要他自己來享受。

對於夫妻來說，如果多加關注對方的動機，而非行為結

果,也會令我們避免很多失望情緒。如案例一中的丈夫,雖然他的行為沒有讓妻子滿意,但畢竟初衷還是希望妻子高興。很多配偶出現各種問題,就是不問初衷只看結果,因此產生各種埋怨和指責,造成家庭矛盾。如果在產生埋怨時,多站在對方角度考慮問題,透過結果能夠考慮一下對方的初衷所在,很多矛盾就會化解了。

・失魂落魄者的自救之道

一、使用積極的意向讓自己快樂

當人在失望時,往往內心的自我形象也是失魂落魄的。我們可以主動透過改善內心中的自我形象來調節自己的情緒。可以找一張自己滿意的照片,將自信和快樂的自己深深印刻到心裡,如果察覺自己內在的形象有所頹敗,一定要積極改善到滿意的狀態。內心的自我意向能幫助我們的情緒好轉起來。

二、用「冥想」清除陰影

每天抽出十分鐘的時間,白天或是晚上都可以,走進房間,關上房門,安靜地坐在椅子上。在開始的五分鐘內想想浩瀚的虛空,剩下的五分鐘在心裡描繪自己,把渺小的失望交給浩瀚的寂靜,並且清楚地想像出把一切交給寂靜的情形。在這個過程中,不要讓任何事情打斷自己,包括有人打電話,有人敲門等。

要想使「冥想」起到作用,就要堅持每天都沉思十分鐘。不

久之後，心理的陰影就能夠清除乾淨了。

三、找一個傾聽者

當自己快要被失望壓垮時，不妨找個人傾訴，把自己心中的不快一吐為快，就能夠使失望的情緒暫時得到遏制。但前提是對方是一個理解能力強，並且善於傾聽，能夠用積極的情緒影響自己的人。

四、失望時找方法

面對挫折時，有人可能會產生失敗情緒，這是可以理解的，但是，我們不能沉浸在情緒中，讓情緒掌控自己，讓失望的情緒自由地穿越自己的身體，之後去覺察自己還可以突破的地方是什麼，找出失敗的癥結，繼續努力，直到目的達成。

五、尋求適合自己的目標

有遠大的志向是一件好事，但是如果替自己選的目標，與自己的實際狀況相差甚遠，必然會導致失望。例如，本身不具備精通外語的條件，卻希望自己能夠成為一名翻譯家。這樣的目標必然不會實現，最終只會讓自己感到失望。

因此，在為自己設立目標時，首先要知道自己能夠做什麼，之後再劃定自己喜歡做什麼，要根據自己的實際條件，選擇稍微高於自己能力的目標。一方面能夠提高自己的能力，一方面能夠在實現以後增強對自己的信心。當實現了這個目標後，可以繼續給自己設立更高的目標，循序漸進地達到最終目標。

　　當然，由於一些客觀的因素，目標可能無法達成，這時候要善於調整自己的心理，避免陷入悲觀失望的情緒中。

心理能量四：失望—「受害者」慣用的對外歸罪情緒

心理能量五：迷惘 ——
對不確定未來的恐懼

·站在三十歲的人生門檻邊上

從小到大，我一直是那種非常平凡的人，沒有什麼特長，也沒有什麼愛好，學習成績中等，長相中等，身材也中等，性格說不上開朗，也說不上內向，似乎沒有什麼性格。

大學畢業後，我進了一家企業做職員，工作簡單，薪水不高也不低，福利待遇也不錯，經過朋友的介紹，女朋友也有了，感情平淡而穩定。一天，女朋友忽然問我對未來有什麼打算，這個問題問住了我。這時，我才發現自己一直沒有想過未來，對待生活就是得過且過，我還這麼年輕，難道就要像「白開水」一樣過一生嗎？

看看自己身邊的人，有人正在為自己的事業打拚，小生意做的越來越好，有的用盡全力往上爬。而我呢？既不想做生意，也沒有心思琢磨升遷。就連看到街邊擺地攤的人，我都覺得他們生活的比我有意義。後來，我嘗試著參加了一些培訓班，但是總是提不起學習興趣，感覺這也不是自己想做的事情，於是就放棄了。

心理能量五：迷惘—對不確定未來的恐懼

想要放棄現在安逸的工作，做一些對自己有挑戰的工作，但是又怕找不到，到時候生活得不到保障。馬上就要三十歲了，我卻不知道人生的道路應該走向哪個方向，眼前似乎有一團迷霧，只有撥開它，我才能看清自己的方向，繼續前進。

敘述者 馬先生

·要不要為孩子而復婚

我和老公離婚兩年了，離婚的原因是他出軌，孩子一直由我撫養。這兩年裡我們接觸不多，偶爾有接觸也是為了孩子，他似乎交往過幾個女朋友，但是我一直單身。

最近他找上我，跟我說他現在也是一個人，因為他忘不了我們從前的家庭，這兩年的時間讓他發現最適合他的人還是我，希望能和我復婚。為了孩子，我認為可以考慮，於是我們開始頻繁接觸，可是我再也找不到當初在一起時的感覺，他對我而言更像是一個陌生人。

這時，一個女人打電話給我，是他的現任女朋友。我們聊了許多，最後這個女人勸我們復婚，她說她看得出來老公一直惦記著我和孩子。於是，我答應了復婚，老公很開心，但是我卻沒有開心的感覺。我提出先讓彼此緩和一下關係，畢竟曾經有過裂痕，需要時間來修補，老公沒有提出異議。可我發現，緩和的時間越長，我不想復婚的念頭就越強烈。

孩子因為我們離婚，性格沉默了許多，近來知道我們要復婚，一下子變得開朗起來，看著孩子高興的樣子，我勸自己不

要計較那麼多，跟誰過日子都是過。可又管控制不了自己思想上，對復婚的排斥。究竟要不要復婚？我迷茫了。

　　敘述者　許女士

·職業「迷惘症」

　　迷惘，是分辨不清而困惑，不知道該怎麼辦。迷惘心理，通常是一個人在人生旅途上對未來產生恐懼。對未來有太多的不確定，不知道自己要的是什麼。

　　每個人的一生中，都可能會遇到迷惘的時候。迷惘的原因往往是由很多方面造成。也許在追求夢想的過程中，突然找不到前進的方向；也許是求學深造的過程中，感到無所適從；也許是在一段感情中，失去了最初相愛的理由……

　　從馬先生的敘述中，可以看出他從小在父母的庇護下長大，一直沒有受到過什麼挫折，很可能他一直以來的決定，都是父母替他做決定，導致他習慣依賴他人幫助自己做決定。當有人問及他的真實想法時，他才發現自己一直以來都沒有形成獨立思考的能力。同時，也體現出了他缺乏毅力以及吃苦的精神。

　　許女士曾遭遇過婚姻的失敗，儘管時間已經讓她忘記了那段傷痛，但在內心深處，她對婚姻已經失去了信心，尤其是再婚的對象是前夫時，她害怕自己在同一塊石頭上摔倒兩次。這是對自己缺乏自信的表現，也是本人缺乏辨別能力的體現。

　　迷惘通常包含兩個層面的意義，一種是對現在的情況感到

心理能量五：迷惘—對不確定未來的恐懼

迷惘；另一種是對未來感到迷惘。

對現在感到迷惘，很大程度上是因為個人現在的工作或是學習不太成功，自己想要變得成功一些，但是卻找不到有效的方法。對外來迷惘則是對未來沒有信心，因此在做決定時感到兩難，產生迷惘的心理。

馬先生是對現在的生活感到迷惘，無論是工作，還是參加培訓，他都找不到成就感，這使他的內心很有挫折感，所以迷惘自己究竟應該怎麼做。許女士則是因為遭遇了婚姻的失敗，對復婚沒有信心，同時又顧及孩子的感受，在自己的感情和孩子之間無法作出選擇，因此對未來產生迷惘的心理。

出現迷惘心理一方面和一個人從小接受的教育有關，另一的方面和自身有關。

通常從小就生活在優越環境中的人，因為沒有受過什麼挫折，再加上父母的寵愛，使其心理承受能力比其他人差，容易產生迷惘心理。另一方面，由於自身意志不堅強、情感脆弱，對待精神刺激和心理壓力的應變能力很差，從而使心理認知水準，對事物的判斷、辨別和適應能力都很差，自己沒有辨別能力，自然也就容易產生迷惘的心理。

馬先生現在的情況，是很多職場人士都會遇到的問題，我從專業心理諮商師的角度告訴大家，在一個人的職業生涯中，至少有四個階段很容易陷入「看不清前方道路」的職業迷惘的心理狀態中。不同的人產生職業迷惘症的時間和程度都不盡相同，這主要是每個人都有不同的目標和需求。

第一個階段出現在十四到二十二歲，這一階段正處在學業

和求職的雙重壓力之下，因為對自己的能力缺乏自信，和缺少一定的社會經驗，因此，很容易對自己的能力產生迷惘。

第二個階段出現在二十二到二十八歲，一般人在這個階段已經完全進入了職業發展的主要階段，已經累積了大量的工作經驗，事業處在上升期，當發展進入瓶頸期時，就會產生懷疑，質疑個人的發展目標與現在所處的環境是否一致，公司是否能為自己提供與理想相匹配的發展機會等。

第三個階段是在二十八到三十五歲，這一階段的職業發展相當重要，豐富的閱歷使得才能的得到一定的發揮，同時在公司中已經上升到一定的位置，當前的工作與自身要求的薪水不相符時，就會對自己的能力產生質疑，或是對公司表示不滿。

第四個階段是在三十五到四十五歲，這個階段是最容易發生職業生涯危機的階段，因為本身累積的豐富生活閱歷，對人生和世事都有了較為深刻的體會，但是卻又沒有完全看透，因此很容易造成迷惘心理。

・聽從自己內在的聲音

已逝的蘋果創始人賈伯斯（Steven Paul Jobs）最經典的一句名言就是：「你們的時間都有限，所以不要按照別人的意願去活，這是浪費時間。不要讓別人觀點的聒噪聲淹沒自己的心聲。最主要的是，要有跟著自己感覺和直覺走的勇氣。無論如何，感覺和直覺早就知道你到底想成為一個什麼樣的人，其他的都不重要。」

心理能量五：迷惘─對不確定未來的恐懼

　　事實上，部分處於迷惘狀態中的人，並不是感受不到內心的真正想法，而是內心的真實想法常常被外界的聲音所擾亂，導致自己看不清現實。就像許女士一樣，她內心不想復婚，但是為了孩子她又認為復婚比較好，孩子便是影響她內心的真正因素。她真正迷惘的不是復婚與否的問題，而是找不到平衡內心的聲音與現實存在問題之間關係的方法。

　　對於孩子而言，一個完整的家庭固然很重要，但是父母之間的關係也直接影響到孩子的成長。在一個家庭中，首要的關係就是夫妻關係，如果夫妻之間已經無愛可言，那麼即便製造出溫情脈脈的虛假氛圍，難道孩子感覺不到？孩子學習到的婚姻模式就該是這樣嗎？離婚不離婚，復婚不復婚，重要的是自己從婚姻中學習到了什麼，有什麼需要改進的地方，自己可以為改善婚姻做些什麼積極的事情，只有當許女士願意把對婚姻迷茫的重點放在自己這裡，而不是放在孩子那裡，事情才能得以積極的改善，否則，為了孩子「犧牲」了自己，孩子也會背負沉重的負擔。

　　因此，關鍵還是要回歸到自己這裡，讓自己靜下心來，摒棄掉一切正在影響你做決定的外界因素，根據自己的內心，找到自己想要走下去的道路。

·找到答案的 NLP 練習

　　通常，人在迷惘找不到答案時，希望有人能夠為自己指點迷津，但是解鈴還須繫鈴人，真正的答案只有透過自己，才能

真正地瞭解。而且不管是誰，都絕對有智慧找到屬於自己的答案，只要能夠想辦法連結到自己的內在智慧就可以了。

有一種 NLP 的方法可以很快幫助你找到自己內在的智慧，NLP 是一種快速心理療法，透過做自我介紹 —— 名字、來自哪裡、做什麼、目的的方式，來讓自己更明白自己是什麼樣的，人生是什麼樣的。

NLP 練習所需要的準備工作是：

找一間很安靜也很安全，不會有人打擾你的房間，房間中最好有一些空地。然後閉上眼睛，靜靜地站在空地上，把意識集中在自己的身上，不要關心外界的環境，留意自己的呼吸，能夠準確地知道自己是在吸氣，還是呼氣，從而使自己的心完全安靜下來。這時候，就開始進入實質性的練習。

第一個練習：假設自己現在所站的位置是三十五歲，然後向前兩步走，代表走到了五十五歲的位置。然後開始想像自己五十五歲時候的樣子，和誰在一起？當時的狀態是怎樣的？可以聽到什麼樣的聲音？然後轉過身，看著三十五歲位置上的自己，說一句鼓勵的話給那時候的自己。

接著，再退回到三十五歲的位置上，接收五十五歲時自己對自己說的話，並且牢記在心，最後感覺一下自己是否產生變化。

這個練習在 NLP 其精髓在於使人們走出現在的時間點，拉開一段時間來看問題。就好像我們站在一塊大石頭邊上時，看到的就是一塊大石頭，而當我們站到十公尺外時，就可以看到大石頭背面盛開著美麗的鮮花，還可以看到有一條小路，通向

心理能量五：迷惘─對不確定未來的恐懼

我們要去往的地方。

　　第二個練習：假如讓你選擇一個人生導師，你會選擇誰呢？想到自己要選擇人時，往前跨兩步，站在他的位置上，也就是假使自己成為了他，然後轉過身，對著正在「迷茫的自己」說一句鼓勵的話

　　這個練習是讓人們從當前問題的情景中跳出來，讓自己從一個當局者，成為一個旁觀者，以他人的身分來看自己時，會獲得更加廣闊的角度和更加清楚的視野。心理學家在 NLP 的練習中發現，當一個人假設自己是另外一個人時，他的潛意識裡就會獲得這個人部分直覺和智慧，這是在我們自己的意識層面中，暫時無法達到的高度。

　　因此，我們透過這個練習，體會到一些語言無法傳達的訊息，這對走出迷惘的狀態，是十分有效的資訊。

心理能量六：多慮 ──
思維定焦在過去和未來

・世界末日真的來了怎麼辦

　　小敏的性格屬於多愁善感型，一直以來她都喜歡用寫日記的方式抒發內心的想法，思考多於行動，而她的思考多半是不著邊際的胡思亂想。她習慣於把幾個月甚至是幾年後可能發生的事情放到現在來想，或者是對過去發生的事情，反覆進行琢磨，設想假使自己當初換個做法，現在又是什麼樣的結果。

　　因此，小敏總是不快樂，心裡被各種焦慮填滿。多慮的性格給她的工作和生活帶來了很大的障礙，工作中因為不夠果斷，錯過了很多機會。生活則因為多慮而變得十分壓抑，為了一心工作，她整日擔心自己會懷孕，儘管採取了避孕措施，但她還是不放心，經常想萬一有了孩子怎麼辦，是打掉還是生下來，如果打掉，就等於丟掉了一個生命。如果生下來，又要多一筆開銷。

　　正當她被這些沒有邊際的想法折磨得寢食難安時，她發現自己懷孕了。家人都建議她生下來，最後她決定聽從家人的意見。生與不生的問題解決了，新的問題又來了，她開始擔心肚

心理能量六：多慮—思維定焦在過去和未來

子裡的胎兒是否健康，每天想無數遍孩子生下來應該怎麼去照顧他，只要一上網就情不自禁地查詢關於懷孕的問題，不是想到現在的食品安全問題，就是想到生產時會遇到的狀況。

　　每天自己嚇自己，結果導致心理壓力過大，悲觀情緒嚴重，導致懷孕三個月時流產。雖然家人對她的照顧無微不至，但她還是忍不住想家人會不會怪她連個孩子都保不住，還忍不住想失去的孩子會不會化成冤魂來找她，整天弄得精神恍惚。好不容易從流產的陰影中走出來，又剛好遇到地震，她又每天擔心地震怎麼辦，自己該怎麼逃生，父母逃不逃得掉。此時，世界末日的謠言四起，她又開始擔心世界末日真的來了怎麼辦？自己還沒有活夠呢……

　　一系列的問題使得小敏每天都是愁眉苦臉，經常心不在焉，二十七八的年齡看起來倒像是三十五歲以上。她經常說自己特別羨慕天生樂觀的人，儘管自己一直以來都很順利，但就是改不了胡思亂想的毛病。事實上，她也知道自己想得都是不可能發生的事情，即便是發生了，她也有能力處理好，可就是會忍不住提前想。

・愛操心的奶奶

　　小潔從小在奶奶身邊長大，和奶奶關係十分親密。但是自從上班以後，小潔就害怕去看奶奶了，有時候特別想念奶奶，但一想到奶奶看著她唉聲嘆氣的樣子，便打消了念頭。

　　也許是年紀大了，自從上了七十歲，奶奶想得事情越來越

多，一家人大大小小的事情，她都要考慮，可是她又解決不了任何問題。兒子買股票她要參與，如果漲了，她就跟著高興，要是跌了，她就悶悶不樂好幾天，叨念著什麼時候才能把錢賺回來；上大學的孫子交了女朋友，她知道後，擔心地整晚睡不著，心想談戀愛會耽誤課業，耽誤課業了今後找工作找不到好工作，再加上不清楚這女孩如何，萬一不好好過日子怎麼辦？就連兒媳婦買新衣服，老太太都要在旁邊不停的囑咐媳婦要多存點錢，萬一有個不測，不至於拿不出錢來……

最近，奶奶的精力都放在了小潔身上。原因是小潔畢業後，放棄了政府部門的工作，進了一家外資企業上班。老太太不知道從哪聽說在這樣的公司上班壓力大，女孩子當男人使喚，更重要的是還會限制談戀愛。這下把奶奶急壞了，女孩子年紀大了，就嫁不到好人家了。於是，只要一見到小潔，就勸她換一份工作，小潔覺得奶奶的要求沒有道理，苦口婆心地解釋了半天，老太太還是不明白禁止辦公室戀情和不讓談戀愛有什麼區別。

前幾天，小潔交了一個新加坡籍的男朋友，奶奶一聽是外國人，立刻哭了起來，一是不捨得自己的寶貝孫女嫁到國外那麼遠；二是怕孫女出國了，自己的兒子兒媳老了沒人照顧；三是嫁那麼遠，將來受了委屈，都沒有人替她做主。老太太每天反反覆覆想這些問題，一提起就哭，晚上還失眠。看著奶奶如此擔心自己，小潔在感覺幸福的同時，感到了重重壓力，也不知道怎樣才能阻止奶奶不去想不可能發生的事情。

心理能量六：多慮—思維定焦在過去和未來

‧你，是不是多慮了呢

多慮，也可以說是心事重，類似於疑心病，是指過於敏感、疑神疑鬼的消極心態。多發生在青春期、老年期。症狀發生時，經常心神不定，對他人、未來等表示懷疑。多慮與心思細膩有很大不同，多慮者考慮的問題多半是不可能發生的，或者是可能發生，但是也有解決辦法的問題。

患有多慮症的患者，往往帶著固有的成見，透過「想像」把生活中發生的無關事件湊合在一起，或者無中生有地製造出某些事件來證實自己的成見，有時甚至會把別人無意的行為表現，誤解為對自己懷有敵意。例如：杞人憂天這則成語中的那個人，總是擔心天會塌下來，給自己造成困擾。多慮者就和此人一樣。

案例中的小敏和小潔奶奶的言行表現，基本具備多慮者的某些特徵，現在，我來給大家做個有關多慮者特徵的具體歸納：

一、完美主義者

多慮者之所以想得多，大多是為了讓人生達到盡善盡美的地步，對一件事情思來想去，說明他們很善於思考一些本質的東西，從這方面而言，多慮不見得是一件壞事，這會使人在一定程度上，避免可能會發生的錯誤。

但是世界上並不存在完美，過分地要求自己面面俱到，只會忽略現在的擁有的生活，讓自己陷入巨大的壓力中。

二、受生理因素影響

多慮者多出現在青春期和老年期。青春期是個身體和思想都進入全新飛速發展的階段，開始規劃未來的發展道路，因此會給自己施加一些壓力。而老年人因為退休在家，兒女長大不需要他們養，有的老年人缺少朋友和娛樂活動，多出來的時間就用來胡思亂想了，這是他們排解孤單的一種方式。

三、受社會因素影響

本身意志較差，很容易受到他人的影響。當社會上傳言一些負面的消息時，多慮者就會受到嚴重的影響。

四、多慮還有一定的誘因

一定是某些事情觸碰了他們敏感的神經，所以導致多慮，不會無緣無故，遇到任何事情都去考慮。

在老年人的群體中，很少有不多慮的人，他們生活了大半輩子，可謂是見多識廣，因此對於任何問題都不會輕易做決定，多慮變成了多數老年人的特點。

老年人多慮的範圍很廣，並不局限在一件事情上，因此多慮的次數也比較多。尤其是退休後，退休金不多的老人，他們會覺得自己成為了家庭的負擔，經常會考慮「會不會被兒女嫌棄？自己是不是不中用了，已經成為了兒女的負擔？自己這樣做是不是正確，會不會被兒女厭煩？自己又生病了，會不會讓兒女討厭？……」但是作為家長的身分，他們不會把自己考慮的問題直接說出來，漸漸地多慮就變成了焦慮，轉換成為對兒女的擔心，總希望能夠透過自己的經驗，為兒女減輕一些麻煩。

心理能量六：多慮—思維定焦在過去和未來

但是他們卻忽略了兩代人生活在不同的年代，經歷的事情也有所不同，他們的經驗不是沒有用，但是畢竟有些已經不符合時代的發展了。

古人云：「悲哀憂愁，則心動，心動則五臟六腑皆搖。」也就是說，過多的憂慮，會引起生理發生紊亂，對身心的影響非常大。同時，也會引起和家人的關係緊張。

綜合看來，多慮症產生的原因大致有六種。

第一種是由憂鬱心理引起，對待事情總是用極端、消極的方式，因此產生多慮、多疑的心理。思想消極的人性格不開朗、拘謹、封閉自己，有時過分認真但煩惱又很多，經常是沮喪的、自卑的、灰心的。這些人往往把現實看得過於灰暗，映入眼簾的盡是社會的陰暗面、黑暗面。因為將社會看得灰，自己的心境也就會跟著灰了起來。總覺得「生不逢時」，有一種「懷才不遇」的感覺，於是抱怨生活對自己不公平，覺得一切都不順心、不滿意。

第二種是工作壓力比較大，害怕自己被淘汰，因此總是想未雨綢繆，但是卻用錯了方式；

第三種是一種廣泛焦慮症的表現，焦慮過度，需要擔心的事情也就越多，引起多慮心理；

第四種是極度關心他人，如，父母對兒女的在乎、青年對愛人或是工作的在乎等，因此總是擔心她發生危險，時刻處於為他考慮的狀態。

第五種是對社會的期望值過高。有的人對社會、對他人的期望值過高，然而對實現美好願望的困難性、複雜性又估計不

足，於是當願望與現實之間出現巨大落差時，失落、失望、失意或憂慮的情緒便接踵而來。

第六種是適應能力差。這些人缺乏對複雜社會的適應能力，心理承受能力很低，承受挫折的耐受力很差。個性又特別脆弱，容易走極端。

·過多的擔心是一種負面能量

對於老年人而言，首先應該明白，兒女們都長大了，有了自己的生活，有了自己的人生觀、價值觀，因此兒女的事情應該由他們自己做決定。關心是正常的，但是過度地擔心，或是毫無意義的關心，只能給兒女的心理造成負擔，反而影響兒女的幸福生活，加強恐慌感和失敗感。

如果實在無法讓自己不擔心，可以試著參加一些老年人團體活動，培養一些興趣，把年輕時想學，卻沒有時間學習的現在開始學習。一方面分散自己的注意力，不把精力都放在胡思亂想上；另一方多接觸社會，擴大自己的交友圈，可以對現在的社會多一層瞭解，這樣有利於與年輕的一輩人溝通，能夠理解他們的行為。做個一個與時俱進的老人，更容易增加自己的自信。

對於做兒女的人而言，父母因為年紀大產生多慮的心理是很正常的事情，不要認為他們年紀大了，總是嘮叨，就覺得他們很煩，因此對他們不理不睬，甚至是呵斥。每個人都有老的時候，如果那時候自己兒女也這樣對自己，想像自己會多麼

傷心。

年紀大的人，因為記憶力下降，反應緩慢，嘮叨一些是正常的，這也體現出了他們對自己的愛。站在替父母考慮的角度上，多慮會影響他們的健康，因此可以柔和地進行糾正，如果老人不能理解自己所講的道理，那麼就在老人面前約束自己的行為，儘量不做讓他們憂慮的事情。

最主要的是，多和老人交流。經常陪伴他們，對他們持肯定的態度，讓他們感受到自己對他們的愛，使他們的心靈不再孤單，多慮的心理也就隨之減輕了。

需要牢記一點的是：過多的擔心是一種負面能量，所謂的擔心，意味著承認自己的失敗，也覺得對方會失敗。如果你真心愛對方，就應該給他祝福，給他積極正面的能量。

·為什麼小孩子總是那麼開心

下午五點，周欣照例到幼稚園接兒子壯壯，今天壯壯沒有像往常一樣要吃要喝，一路上乖乖走到家。周欣發現了壯壯的不尋常，於是關切地問兒子怎麼了。壯壯像個小大人一樣，皺著眉頭問道：「媽媽，我想問你一個問題。」孩子有了求知欲，作為媽媽的周欣高興不已。

於是，連忙回答說：「可以啊，寶貝想知道什麼？」

「媽媽，我是從哪裡來的？」壯壯眨著一雙無辜的大眼睛，認真地問。

該來的還是來了，周欣想到，每個孩子都會問這個問題，

可是怎麼和孩子解釋呢？周欣想到自己小時候問媽媽這個問題時，媽媽告訴自己「是從垃圾堆裡撿來的」，當時自己為此難過了許久，後來媽媽又說是「從石頭縫裡蹦出來的」，周欣才感到些許安慰，畢竟自己和孫悟空有相似之處，但是這造成她很長一段時間認為自己會擁有七十二變。再後來，周欣看著弟弟出生，才知道原來自己也是從媽媽肚子裡出來的。她問媽媽自己怎麼爬進媽媽肚子裡的，媽媽卻說她長大以後就會知道。

現在周欣知道了，可是怎麼解釋給兒子聽呢？她絕對不能像自己母親一樣誘導孩子。絞盡腦汁後，周欣終於想到了一個絕妙的答案，於是清了清嗓子，像講故事一般，說道：「很久以前，爸爸把一粒種子放進了媽媽的肚子裡，然後媽媽每天吃飯、喝水，給種子營養。然後種子慢慢長大，就像小蝌蚪變青蛙那樣，慢慢長出手和腳，過了很長時間，種子就變成了一嬰兒，也就是你，然後醫生幫助媽媽把你從肚子裡取了出來。」

說完，周欣一邊暗暗佩服自己的智慧，一邊等著兒子得到答案後滿意的樣子。結果兒子卻是截然相反的表情，眉頭鎖得更加緊了。並且自言自語地說：「我怎麼和別人不一樣呢？其他小朋友都來自各個城市，我怎麼來的這麼複雜？明天怎麼和朋友們說呢？」

坐在一旁的周欣聽到此話，剛喝進嘴巴裡的水，還沒來得及下嚥，就吐了出來。

這就是為什麼小孩子總是那麼開心，而大人總是很多煩惱的原因。小孩子思想簡單，天真單純，在他們心裡只有開心與難過兩種狀態，而他們的開心往往會持續很久，難過則在哭泣

一場後便煙消雲散。

而大人會因為成長過程中接觸的不同事情，變得思想複雜，失去了童真的一面。但有時候，大人真的應該像小孩子學習，學會無憂無慮地面對生活。就像歌德（Die Leiden des jungen Werthers）在《少年維特的煩惱》中寫的那樣：「那些像孩子一樣無憂無慮的人最為幸福。」

·從多慮到無憂的功課

一、清靜自己的心

多慮的人所焦慮的事情一般會分為三種：為自己憂慮，為別人憂慮，為老天憂慮。這樣其實損人不利己。為別人憂慮，也許別人不覺得這是個問題，你可以提建設性的意見，提醒他防範一些你看到的他沒看到的風險，但是，總是沒由來的將為別人憂慮當成是愛對方，實則會對一個本來內心清靜的人造成負面影響。為老天憂慮的情況也非常多，如塞車時候的心煩氣躁，擔心下雨、下雪，擔心地震……所謂杞人憂天就是指的這兩種憂慮。其實都是沒必要的，而除去了這些憂慮，人就會清靜很多。

二、回想當初的憂慮事件

想想當初自己憂慮的事件，後來是怎麼解決的？也許當初非常恐慌和焦慮，但是是不是也平靜地走到了現在？看看當初曾經擔心的事情發展如何，過度憂慮者會有一種解脫感，並從

此學會擺脫擔心，專注現在。

三、留有專門的時間憂慮

如果憂慮常常在我們腦中盤旋，就會嚴重影響我們的生活。如果我們集中時間來面對憂慮，分析憂慮，就能在很大程度上化解憂慮。例如，我們可以抽出安靜的一個小時，寫下自己的擔心，之後在生活中處理這些事情。一段時間後，很多人都會對當初寫下的文字啞然失笑，這正是解除憂慮的好方法。

四、保持一顆平常心

有的人多慮是因為患得患失，總是害怕失去什麼，如財富、地位等，長期的擔憂勢必會造成心理狀態失衡，要知道王侯將相，最後也不過一抔黃土；霸業龍圖，最後也終將化作塵埃。人生是只要你不害怕失去，你就沒有什麼可失去的。既然沒有什麼可失去的，就不要為此擔憂了。

心理能量六：多慮─思維定焦在過去和未來

心理能量七：憤怒 ——
情緒占了上風並成為了主人

· 高階主管的超級壞脾氣

　　張先生在一家貿易公司做高階主管，最近不知道為什麼，總是莫名其妙地發火。因為祕書錯拿了一份檔案，他就把祕書罵得躲在一旁掉眼淚。回到家中，他更加不能控制自己的情緒。妻子做的飯鹹了點，他竟然把飯桌掀了。兒子成績下降了一名，他竟然把兒子批評得第二天不敢去上學。

　　以前的陳先生與現在完全不同，從前人們都以為他根本不會發脾氣，因為他性情溫和，對下屬賞罰分明。就算是下屬犯了錯誤，他也不會疾言厲色，而是溫和地指出，讓下屬改正。對待家人，他更是寵愛有加，和妻子結婚多年，從未生過氣、吵過架。兒子出生後，他讓妻子在家做全職太太，全心全意照顧孩子。

　　為什麼自己變得這麼喜怒無常？為什麼總是控制不住自己的憤怒？這讓陳先生百思不得其解。並且他發現，每當自己發火過後，都會伴有緊張、心悸、氣悶的情況。儘管陳先生知道自己無緣無故的發火是錯誤的行為，卻無奈怎麼也控制不住。

·我要被孩子氣死了

　　李女士發現自己特別容易生氣，孩子打破了碗她會生氣，孩子不睡覺她也會生氣，甚至孩子坐在一邊看電視，她都會生氣。

　　然而，她越是生氣，孩子就越淘氣。為了懲罰孩子，她把孩子關在房間裡，並對他大聲叫罵。一天下來，她像是剛從戰場下來，疲憊不堪，但是孩子卻依然心情愉快，趁機搗亂。似乎媽媽的憤怒並沒有震懾到他。

　　令李女士更加氣憤的是，孩子似乎知道怎樣能讓自己生氣，總是故意搗蛋，看著自己被氣得發昏，孩子就露出幸災樂禍的表情，似乎自己發火對孩子而言是一件有趣的事情。不知不覺中，李女士的情緒就完全被孩子掌控了。

·如此憤怒為了什麼

　　憤怒是一種常見的情緒，是正常而且是健康的，但很多朋友處理憤怒情緒的方式卻往往是不健康的。如以上故事中的主角們。他們都成為了憤怒這種情緒的奴隸。

　　第一個故事中的高階主管，因為憤怒，嚴重影響了工作和家庭，而第二個媽媽因為憤怒，已經處於歇斯底里的邊緣。事實上，憤怒帶給我們的負面影響不只以上這些。

　　當遇到解決不了的問題時，很多人就會感到憤怒，然而憤怒不但不能解決問題，反而激化了衝突，可謂是得不償失。同

時，憤怒不但容易壞事，還容易傷身。從醫學角度而言，憤怒會導致高血壓、潰瘍、皮疹、心悸、失眠、困乏甚至是心臟病。

從心理學角度而言，憤怒則會給我們的心理帶來巨大的壓力。動物在「戰鬥時」會有壓力的反應，內臟、神經組織以及免疫系統，都會為了防備外敵而產生反應。長久地保持這種狀態，就會給身體造成劇烈的副作用。這就是壓力的害處。

雖然人類與動物的身體機能不同，但在極端憤怒的時候，身體仍然會處於備戰的狀態。因此，憤怒不僅會給我們的身體帶來不良的影響，也會引起周圍的人不愉快的情緒，而且多數都會反射回自己的身上。

憤怒是我們平常所體驗的一種常見的情緒，這種情緒在嬰兒時期我們就有所體會了。例如一個小嬰兒在探索外界世界時受到限制，活動範圍受到了限制，被強制睡覺等，都會引發他的憤怒情緒。對於成年人來說，憤怒於人已形成的道德準則，常屬於道德感的範疇。

上文中的張先生和李女士都對自己莫名其妙的發火感到不解，那麼在生活中，到底是什麼更具體的原因誘發了憤怒呢？

一、刺激

有時候，一件很小的事情都可能會導致易怒的人失去平衡。

二、悲觀主義

悲觀的人更容易看到事情不利的一面，一旦事情的發展有些偏離，他們首先想到的就是「糟糕了」和「太可怕了」。

心理能量七：憤怒—情緒占了上風並成為了主人

三、抗挫折能力差

遭遇一點點挫折，就難以承受。

四、需求過多

因為有太多事情要做，所以感到緊張和壓力。張先生憤怒的原因中，壓力占了百分之八十的比例，工作的責任以及家庭的責任，都使張先生感到壓力。

五、抑制自己的憤怒

很難把自己的想法表達出來，不滿的情緒在心中日積月累，人就很容易憤怒。

六、失控

當人處於控制狀態時，內心會產生安全感，一旦失控，就會因為不安全感而引發憤怒情緒，第二個故事中的媽媽，本來希望透過憤怒對孩子能有一種控制，但是，卻反過來被孩子牽著鼻子走。

很多人控制不住憤怒，而把這種強烈的負面情緒到處宣洩，以至於傷害到無辜的人，也有的人認為憤怒這種情緒不好，拚命的壓抑自己的情緒，結果最後往往會崩潰而產生更大的破壞性。對於憤怒這種情緒，我們不能只是壓制，也不能任其為所欲為。對於這種情緒，我們需要更深一步的學習。

· 有多少事值得抓狂

對於易怒的人而言，不順心的事情常常發生，其實，並不是所有不順心的事情都值得自己憤怒。哪些事情值得生氣，哪些事情不值得生氣，這是我們應該認真考慮的問題。

例如：

走在馬路上，被人無意間碰了一下，或者新買的鞋子被人踩髒了，再或者在餐廳被服務生弄髒了衣服，這些事情確實會影響人的心情，但是還不至於發怒。

有些人因為患病或者是酗酒後，言行極易反常，說出令人生氣的話語，常常傷害到他人的自尊，或者做了危害他人的事情。在對方失去理智的情況下，我們與之計較只是徒增自己的煩惱。

經常看到有些人應為買菜多一點或少一點的小錢而大吵大鬧，甚至大打出手。有的家長因為孩子失手打壞了東西，就對孩子大聲指責，甚至是拳打腳踢。事後反思，會發現這些小事根本不值得生氣，總而言之，還是自己肚量太小。

還有一些人因為流言、傳言生氣，其實這些消息的可信度很低，甚至有時候自己都認為是假的，但是還是會抑制不住地生氣，實在是沒有必要。當遇到這種情況時，最好的辦法就是不必去聽它，冷靜地對待和思考，想一想傳播這些消息的人是什麼居心？有什麼動機？都弄清楚了，再生氣也不遲。

美國著名的精神病專家雷德福·威廉斯，向自己的病人建議，在自己將要發脾氣前，不妨先問自己三個問題：

心理能量七：憤怒─情緒占了上風並成為了主人

一、這件事真的很重要嗎？

二、我的反應是否恰當？

三、情況是否會有所改變？

當我們認真考慮過這個問題後，就發現很多事情都不值得我們發脾氣，我們動不動就為小事發脾氣的壞毛病就會改正。

處在憤怒中的人，常常會忽略他人的感受，把怒氣帶給身邊的人，自己不開心的同時也傷害了他人，可謂是得不償失。

在一輛擁擠的公車上，一個年輕人用手臂將身邊的女友攬在懷裡，而女友臉上卻沒有幸福的表情。可能是知道女友心情不好，年輕人溫柔地問女友：「晚上回家想吃什麼？」女友聽後，不耐煩地說：「隨便！」

「你想吃什麼，我做什麼給妳。」年輕人沒有理會女友的壞脾氣，反而耐心地詢問。「你煩不煩，每次都要先問我，你決定不就行了嗎？」女友沒好氣地說。

「讓你決定，是希望你能吃到自己喜歡吃的東西，而我喜歡看你開心吃東西的樣子，我會覺得很幸福。」男友低下頭委屈地說。女友聽後，意識到自己的不對，連忙和男友道歉。到站後，兩人牽著手，甜蜜地遠了。

太自私的人總會傷人又傷己，因此，當想要發脾氣的時候，先一下他人的感受，也許就能夠打消發脾氣的念頭。同時，當有人向我們發火時，我們應該用那年輕人一樣的胸襟去對待，而不是以惡制惡。

·憤怒的自我管理

一、表達憤怒

憤怒確實與為人修養有很大的關係，越是品行修為低的人越容易憤怒。因為這個原因，很多人不敢表達憤怒，心中有了憤怒的情緒就壓抑下來，最後造成徹底的爆發或者更為破壞性的舉動。因此，當心中有了怒氣，可以具體針對某件事情表達自己的憤怒，如：「我覺得你的話對我來說很侮辱，我很生氣！」這時候，即便你拂袖而去，至少人家知道你為什麼而生氣，也就有了解釋和諒解的機會。很多情況下，都是我們暗自生氣，最後造成溝通的誤會。

二、適度宣洩

刻意地控制憤怒，只會令憤怒的情緒一再積壓，直到如洪水暴發。因此，適當的宣洩，也可以用來平復憤怒的情緒。你可以用力擊打一些毛絨玩具，或者衝進衛生間大喊，當憤怒的情緒得到了宣洩，人也會慢慢恢復了理智狀態。在激烈情緒下，人很容易做錯事，因此，待到情緒宣洩完，再做決定比較好。

三、提高修養

為人大度和善是一種美德，同時也是極高修養的體現。當別人用憤怒解決問題時，如果我們能夠用幽默來化解，不失為一種更好的心理防衛。當然，這是更高能力，更高情商的一種表現。

四、接受別人的不完美

很多時候的憤怒，是因為感覺自己是對的，而別人是錯的。如果反過來想一想，哪裡有完美的人？而且每個人的思考方式都不一樣。如果我們能夠接受自己與別人同樣都是不夠完美的事實，尊重個體的差異性，我們的憤怒也就失去了根本原因。

五、運動解壓

人體內啡肽能夠幫助我們鬆懈精神，當暴躁的情緒即將產生時，可以透過運動、精神放鬆法和開懷大笑等使身體內啡肽增加，緩解情緒，這也是心理學上常用的技巧。

心理能量八：挫折 ——
壓力狀態下的應激反應

·巨額負債 VS 弟弟上學用錢

阿美最近經常出現頭痛、胸悶、心慌和失眠的症狀，生活中太多的不如意，壓得她有些喘不過起氣來。

目前面臨最大的困難就是阿美讀大學、讀碩士的貸款在兩年內就要還了，這對阿美來說可是一筆巨額負債，但是家裡的弟弟正在考大學，正是需要的錢的時候。想到這些，她就心煩意亂，畢業論文也無法進行下去，眼看著交論文的時間越來越短，阿美恨不得此刻就消失在地球上，這樣就不必面對這些困難了。

從小阿美家裡就不富裕，國中畢業，父母就希望她早早嫁人，為家中減輕負擔。但是好勝的阿美不願意自己的一生就這樣蹉跎，她一邊工作賺學費，一邊上學。

在大學期間她一邊工作，一邊用功學習，想在大學畢業前考上研究所，但第一次卻失敗了。阿美又考了第二次，研究所畢業後，阿美又考取了碩士。因為一直上學，阿美賺的錢僅夠自己的學費和日常支出，現在弟弟上大學需要錢，父母希望她

能夠幫忙一下，她卻拿不出錢，自己還面臨著「巨額」的貸款。

自己究竟要不要繼續下去，要不要犧牲自己去幫助弟弟？阿美不斷地考慮這個問題……

·顧先生的戀愛恐懼症

已經三十三歲的顧先生至今沒有女朋友，他的婚姻大事成了身邊人最頭痛的事情，也是他自己最想要解決的問題。

自從六年前那場失敗的戀愛開始，顧先生似乎換上了戀愛恐懼症，他不敢談戀愛，因為他忘不了被戀人背叛時，那種撕心裂肺的痛苦。那時候，他的事業還沒有成功，但是他很滿足，他認為自己還有一個真心愛自己的女人。然而一次偶然中，他發現女朋友還有另外一個男朋友，是一個老男人，開著豪車，出手闊綽，顧先生被深深地傷害了。

分手後，他整日戒酒消愁，用了將近一年的時間，才從失戀的痛苦中走出來，然後全心投入發展事業。現在的他在這個城市屬於高薪階層，有自己的車和房，唯獨沒有一個真心相愛的女人。他發現自己不再相信女人，那些女人不是水性楊花，就是看上他的錢，因此他和女人之間僅限於逢場作戲，從來不會投入真的感情。

身邊也有很多對他好的女人，但他認為那只是短暫的，總有一天這個女人會變心，和別的男人在一起。每當家人詢問他的婚事時，他也會感到著急，怎麼自己就找不到女朋友呢？

· 挫折感是如何形成的

挫折，是人們在生活中，進行有目的的活動時，遇到難以克服，或者是自認為無法克服的障礙或干擾，使自己的目的無法達成而產生的障礙。在心理學中表現為個體有目的的行為受到阻礙而產生的緊張狀態與情緒反應。

挫折會給人們帶來痛苦的感覺，卻又往往能夠磨練人的意志，激發出人的鬥志；並在過程中學會思考，調整心理壓力，然後以更好的方式去實現自己的目的。

案例中所呈現的由於壓力大而感覺受挫、在情感中受挫，是生活中的常見現象。其實，受挫的困境都會教會我們一些東西。

阿美在自己求學的過程中已經戰勝了很多挫折，她現在面臨的困難是因為超越了她的能力。她需要向自己所戰勝的磨難致敬，也需要分清自己與他人的界限。試問：她自己上大學能夠自食其力，弟弟為什麼就不能呢？有時候，我們會被困難所壓垮，可是那本不是自己應該去承擔的。放下自己無所不能的執著，就是解放自己。有時候我們的痛苦，來自於我們總想去做不能做的事情。

顧先生是因為早期遭遇了情感的挫折，因而變得杯弓蛇影，走不出過去的陰影，形成了固化的思考方式。但是，如果沒有那次戀人的背叛，他是否能有今天的成就呢？而女朋友離開自己，除了因為錢，就沒有其他的原因嗎？沒有他自己做的不夠好的地方嗎？如果顧先生真的愛自己的女朋友，就應該尊

重她的選擇，為何還會念念不忘到至今呢？這恐怕不是真愛，只是在愛自己的虛弱罷了。

通常，挫折是與目標、需求，動機緊密相連的，一旦動機受到了干擾或是阻礙，目標就會無法實現，需求也得不到滿足。這時，人就會產生緊張、焦慮乃至悲觀失望等情緒，即在心理上產生挫折感。挫折是一種消極的情緒，它包含以下三方面的含義：

一、挫折感，這是挫折反應，是一個人在受到挫折的情況下所產生的煩惱、困惑、焦慮、憤怒等負面的情緒。

二、是由人、物或者自然、社會等環境構成對人們有動機、有目的的活動造成障礙或干擾的情緒、狀態，也就是挫折的情境。例如：失戀、比賽失敗、遭到嘲諷和取笑……都是造成挫折的情境因素。

三、是對上述情境的知覺、認知，還有評價。這可以是對實際遭遇到的挫折情境的認知，也可以是對想像中可能出現的挫折情境的認知。每個人對相同挫折情境的認知不盡相同，會受到知識結構、生活閱歷等影響。

這三方面的結合，便是最典型的挫折心理。這其中對挫折的認知是最重要的，也是聯繫挫折感和挫折情境的紐帶。

‧輕度的挫折猶如精神補品

挫折的到來常常是預料之外的，在人沒有防備心理的條件下，對人的衝擊是很強大的。很多挫折會讓人一蹶不振，喪

失繼續前進的動力。對身體也會造成一定的傷害，影響大腦思考、記憶、判斷力，引起身體多方面的紊亂，如：自主神經紊亂。內分泌系統紊亂等。如果挫折心理長期得不到緩解，還會引起血壓升高、心悸、偏頭痛等生理問題。

但從積極的方面講，挫折的確能夠幫助我們成長。我們知道，一個人的成長就是適應社會的過程，只要能夠學會調整自己，就能夠戰勝挫折，很好地適應社會。同時，挫折還能夠增強我們的意志。一些心理學家就把輕度的挫折比作「精神補品」，也就是說一旦克服了挫折，就能夠獲得心理上的收穫。

古人說的好：天將降大任於斯人也，必先苦其心志，勞其筋骨，餓其體膚，空乏其身，行拂亂其所為，所以動心忍性，曾益其所不能。因此，當你感到受挫時，實則是鍛鍊自己的時機來了，超越自我的機遇到了。

有個故事說一頭毛驢掉進了地窖裡，無論怎麼努力也出不來。牠的主人用盡了各種辦法也無能為力。最後主人決定與其讓毛驢承受更長時間的痛苦，不如埋了牠，早日成全牠歸西吧。於是他開始往地窖裡撮土，但是，每一鍬被鏟下去的土都被毛驢抖落在地，最後，毛驢竟然踏著被自己抖落的土而出了地窖！是啊，每一鍬灑在身上的土對我們來說都是一個挫折，而且是接連不斷的挫折，但是，當我們把這些土都踩在腳底上，實際上正是這些土成就了我們的高度。

當然，要注意的是，雖然挫折能在一定程度上成就我們，但我們同時需要克服案例中阿美的極端，不要以為自己什麼事都能扛，自己的能力無極限，以至於去背負別人的責任。適當

的時候，也要懂得尋求支持，或者擺脫自己背負不了的別人的責任。我們每個人，能為自己的生命負責任就夠了。如果想給予，那也需要先斟滿自己的杯子。

因此，阿美的挫折也可以看成一種收穫，這個挫折也能讓阿美理清自己與別人的界限。相信弟弟知道阿美的困境，也會體諒並學習她的。

・蘇格拉底對失戀者的心理治療

蘇格拉底：「孩子，為什麼悲傷？」

失戀者：「我失戀了。」

蘇格拉底：「哦，這很正常。如果失戀了沒有悲傷，戀愛大概也就沒什麼滋味了。可是，年輕人，我怎麼發現你對失戀的投入甚至比你對戀愛的投入還要傾心呢？」

失戀者：「到手的葡萄給丟了，這份遺憾，這份失落，您非個中人，怎知其中的酸楚啊。」

蘇格拉底：「丟了就丟了，何不繼續向前走去，鮮美的葡萄還有很多。」

失戀者：「我要等到海枯石爛，直到她回心轉意向我走來。」

蘇格拉底：「但這一天也許永遠不會到來。」

失戀者：「那我就用自殺來表示我的誠心。」

蘇格拉底：「如果這樣，你不但失去了你的戀人，同時還失去了你自己，你會蒙受雙倍的損失。」

失戀者：「您說我該怎麼辦？我真的很愛她。」

蘇格拉底：「真的很愛她？那你希望你所愛的人幸福？」

失戀者：「那是當然。」

蘇格拉底：「如果她認為離開你是一種幸福呢？」

失戀者：「不會的！她曾經跟我說，只有跟我在一起的時候，她才感到幸福！」

蘇格拉底：「那是曾經，是過去，可她現在並不這麼認為。」

失戀者：「這就是說，她一直在騙我？」

蘇格拉底：「不，她一直對你很忠誠。當她愛你的時候，她和你在一起，現在她不愛你，她就離去了，世界上再也沒有比這更大的忠誠。如果她不再愛你，卻裝作很愛你，甚至跟你結婚、生子，那才是真正的欺騙呢。」

失戀者：「可是，她現在不愛我了，我卻還苦苦地愛著她，這是多麼不公平啊！」

蘇格拉底：「的確不公平，我是說你對所愛的那個人不公平。本來，愛她是你的權利，但愛不愛你則是她的權利，而你想在行使自己的權利時剝奪別人行使權利的自由，這是何等的不公平！」

失戀者：「依您的說法，這一切倒成了我的錯？」

蘇格拉底：「是的，從一開始你就犯錯了。如果你能帶給她幸福，她是不會從你的生活中離開的，要知道，沒有人會逃避幸福。」

失戀者：「可她連機會都不給我，您說可惡不可惡？」

蘇格拉底：「當然可惡。幸運的是你現在擺脫了這可惡的人，你應該感到高興，孩子。」

心理能量八：挫折—壓力狀態下的應激反應

失戀者：「高興？怎麼可能呢，不管怎麼說，我就是被人拋棄了。」

蘇格拉底：「時間會撫平你心靈的創傷。」

失戀者：「但願有這一天，可是我第一步應該從哪裡做起呢？」

蘇格拉底：「去感謝那個拋棄你的人，為她祝福。」

失戀者：「為什麼？」

蘇格拉底：「因為她給了你忠誠，給了你尋找幸福的新的機會。」

從蘇格拉底和這位失戀者的對話中我們可以學到失戀者最好從自身找原因，學會寬容和祝福，這樣才能從根本上解除自己的痛苦。

心理能量九：吝嗇 ——
破壞人際關係的隱形元兇

· 我的地盤誰做主

劉芸所在辦公室的窗外看下去是一座公園，俯瞰窗外，公園的美景盡收眼底，工作之餘，看一看外面的美景，能夠為人減少不少壓力。

漸漸地，公司的同事們都知道了劉芸的辦公室，閒暇之餘，就跑到她的辦公室中，一邊聊天喝茶，一邊欣賞窗外的美景。一開始，劉芸認為公司的管理者一定會加以阻止，沒想到管理者不但沒有阻止，反而鼓勵大家平時多交流，多提意見給公司，有了管理者的支持，大家更加肆無忌憚地聚在一起了。

劉芸的心裡開始感到不舒服，明明是自己的辦公室，現在卻成了大家的休閒娛樂場所。尤其是一些同事愛吃小零食，不經意間就會製造出一些垃圾。為此，劉芸工作的心情都被破壞了。有時候看著同事們興致勃勃地談論窗外的風景，她就非常生氣，覺得他人侵占了自己的東西一樣，恨不得立刻把同事轟出她的辦公室。

怎樣才能阻止大家進來呢？想了許久，劉芸終於想出了一

個辦法，她在辦公室的門上掛了一個牌子，上面寫著「請勿打擾」。剛開始的時候，還有幾個同事進來，她總表現出正在忙碌，並且不想被打擾的樣子。幾次下來，就再也沒有同事聚集在她的辦公室裡。她又能夠一個人欣賞美景，獨占辦公室的空間了。

就在她感到十分愜意的同時，同事們與她也漸漸疏遠了，因為沒有人和她聊天，公司裡的情況她總是最後一個知道，甚至有時候全公司都知道了，唯獨她不知道，為此她還錯過了一個重要的會議。儘管如此，劉芸也沒有對自己的行為感到後悔。她覺得自己終於維護和保護了自己的領地。

·吝嗇的老公

我和老公認識三個月就結婚了，結婚之前覺得他有點小氣，我以為這是節儉的表現，這樣的男人反而會過日子。沒想到結婚後，他簡直將「節儉」發揮地淋漓盡致，甚至已經不是節儉，而是吝嗇。

就拿我們舉辦婚禮來說，應該是男方家包辦的，但是我父母怕我將來受委屈，所以婚禮的費用一家一半，可以體現出我們平等的地位。結果婚禮剛舉行完，他就說我家的親戚去的多，他們家吃虧了。我完全沒想到他會這樣想，別人家女方都不出錢，男方都沒有覺得吃虧。

但是看在剛結婚，我只好忍下了。接著是蜜月旅行，本來已經想好目的地了，當時正趕上旅遊旺季，機票、酒店的費

用都很高，他便以此為由想換個地方，並美名其為我們以後的孩子存錢。還好我不怎麼看重去哪裡度蜜月，重要的是兩個人開心。最後選擇去了郊外的一個風景區，到了以後我說口渴，要他幫我買瓶水，等了好久他才回來，回來後手裡卻沒有拿水，說是風景區的水太貴了，讓我忍一忍到飯店再喝。我當時問他，是我重要，還是那點小錢重要，他居然回答說：「都重要！」

一氣之下，我便獨自回家，蜜月旅行就這樣結束了。漸漸地，我發現他實在是無處不吝嗇，洗米時掉到洗水槽的米粒，他會想方設法地弄出來，然後放進鍋裡。一次看見他從下水道撿起一粒米放回鍋裡，我實在是噁心到吃不下飯。

後來我懷孕了，孕期的反應有點嚴重，便請了假在家安胎。有時候吐得胃都空了，他不但不心疼我，反而恨不得把我吐得東西吃下去，因為在他眼裡，我把吃掉的東西吐出來，就是浪費。有時候，我突然想吃一些小吃讓他去買，他總是出去一趟，再空手回來，然後找各種藉口來敷衍我。只有一次我說想吃冰淇淋，他買回來了，卻買了一支十塊錢的枝仔冰。我認為那是糖精做的，所以拒絕吃，他就一邊吃一邊埋怨我。

結果因為他腸胃不好，吃了以後就開始拉肚子，晚上躺在床上還在嘮叨：「你說要吃冰淇淋，花錢給你買來了，你又不吃，早知道不買了，浪費了十元。」為了肚子裡的孩子，我強忍住不生氣。這樣一個男人，不要說浪漫，就連去我家，買的東西都不超過五十塊錢。

他曾和我說過他小時候因為父親做生意失敗，家裡賠了很

多錢，他知道過窮日子的感覺。當時我聽後很同情他，現在才發現，原來真的是可憐之人必有可恨之處。

　　講述人：小美

‧一個人之所以小氣

　　吝嗇，也就是小氣，我們常常形容吝嗇的人「一毛不拔」，這樣的人即便是有能力幫助他人，也不願意付出行動，這屬於一種不正常的心態，極度的吝嗇還有可能達到變態的程度。吝嗇的人不僅僅是吝嗇財務，也會吝嗇感情的付出、行動的付出等。

　　羅素（Bertrand Russell）說過：「吝嗇，比其他事更能阻止人們過自由而高尚的生活。」因此，吝嗇能夠使人與人之間產生隔閡，對感情還有社會道德而言，吝嗇都具有破壞能力。

　　案例中的劉芸「小氣」地阻止了同事們對自己工作空間的干擾，實則也是對自我領地的一種保護。但是，做的過於強硬，很容易傷害同事之間的感情。保護自己的空間沒有錯，但是完全封閉起來，也相當於拒絕了外界的往來。如果劉芸能走出自己的空間，或者為別人走進自己的空間設定一些要求，如「垃圾請自行解決」「忙碌期間請勿干擾」，其他的同事也會在瞭解她的規則的情況下適度而為。

　　案例二中的老公確實很吝嗇，但是他的吝嗇並非針對老婆，而是一直以來過窮日子使然。因此，老公的吝嗇並不是因為不夠愛自己。如果小美明白了這一點，就會對老公多一些

寬容。

　　吝嗇的產生有一定的環境因素，這是造成吝嗇心理的主要原因，通常家庭環境不良、父母教育不當、周圍環境影響等都有可能造成吝嗇心理的產生。小時候的生活環境比較貧窮，或是得不到父母的關愛，都容易使一個人變得吝嗇，因為他們得到的少，所以對自己擁有的東西就格外的吝嗇。案例二中的小美的老公就是一個典型的例子。

　　他們透過物質來獲得安全感，事實上，這剛好體現了他們內心貧窮，不知滿足的心理。

　　第二個原因是個人因素，那些過於自私的人，常常以自我為中心，心胸很狹窄，就像劉芸一樣，不能容忍其他人分享屬於自己的東西。

　　最後一個原因是社會原因，有錢的時候能夠盡情享受生活，當身無分文時就立刻淪落到了社會最底層，這種社會上財富占有的不確定性，導致很多人對現實顯得十分焦慮，對未來沒有信心。案例二中小美的老公，正是因為小時候承受了這種富裕與貧困之間的落差，因此在心理上對未來的不確定性感到恐懼，害怕繼續過窮日子，於是變得十分吝嗇。

　　吝嗇的人最在意的是自己的得失，他們不能忍受吃虧，只能占便宜，如果遇到會侵犯自己利益的事情，他們堅決不會讓步。他們總是高估別人，低估自己。當看到他人的財富時，恨不得全部占為己有。

　　這就是吝嗇心理最主要的體現，不懂得滿足，為了得到利益，他們可以不認至親骨肉。另一個表現就是自私，看到需要

心理能量九：吝嗇—破壞人際關係的隱形元兇

幫助的人時，他們總是有一種事不關己的心理，對於別人的苦難毫不關心，絲毫沒有憐憫之心。如果要他們為此付出一點金錢，他們是絕對捨不得的，對他們而言就像要忍受酷刑。

　　吝嗇的人很少參與社會活動，因為他們不關心周圍的任何事，只關心自己的財產。因為不願意幫助人，所以他們也沒有知心的朋友。吝嗇的心理會隨著他們年齡的增長變本加厲。

・「吝嗇」有講究

　　現在有一種新的生活方式，那就是「吝嗇」的生活。在以往的文學作品中，還有人們的意識中，吝嗇是一個貶義詞。但是在奢侈品大行其道，鋪張浪費將要占據主流的今天，人們給「吝嗇」冠上了積極的意義。

　　「價格主導」網站是一家出售二手文化商品和旅遊商品的網站，網站的口號是「變成吝嗇鬼」，這個網站的創建者是皮埃爾・科希丘什。皮埃爾創建這個網站的初衷是，為消費者在這個缺少標誌的全球化世界中，找到令自己心安的消費方式。當一個人換手機就像換衣服一樣快，當一個人穿著用動物生命為交換代價的大衣時，追求時尚，就已經成為了奢侈浪費的代名詞。

　　這個時候，我們就有必要「吝嗇」一下了，這裡的吝嗇不是讓自己一毛不拔，而是更合理，更有計畫的消費，讓自己每一分錢都花在有用的地方，例如：用更換新手機的錢去旅遊，增長見識的同時，也讓一筆錢花在合理的地方。

　　現在正在慢慢形成「吝嗇」一族，他們用最少的錢，過最優質的生活，會選擇集體婚禮，團購婚紗照，團購度蜜月等，這些行為都是一種新的消費觀念的形成，那就是只買對的，不買貴的。花錢越多，場面越大的觀念，已經漸漸被人們遺棄。

　　當我們把「吝嗇」作為一種健康的消費觀念時，吝嗇就能夠發揮他的積極意義，抑制自己追求名牌的心理，謹慎面對自己不需要花的錢，清楚地知道自己想要什麼。這樣的吝嗇可以避免過度負債的現象，對於未來社會發展而言，這樣的吝嗇鬼是「精明」、「負責」、「積極和可持續」的。這樣的吝嗇，是針對自己，而非針對他人，對自己的生活精打細算，但是幫助起別人來，卻毫不含糊。例如：減少買昂貴服裝的次數，只買幾件在重要場合需要的衣服，然後去資助那些貧困的孩子。

　　「吝嗇一族」的消費觀念，也是成熟消費的體現，不再用金錢來衡量生活，衡量身邊的一切，懂得生活的真正意義在哪裡。

・怎麼可以不吝嗇

一、跳出「沒有」的思維

　　人之所以吝嗇，是因為思維裡總有「沒有」的恐懼。「得到金錢是困難的」、「錢總是不夠花的」，這些信念使人謹慎小心，一不注意就成了金錢的奴隸。富裕和貧窮只是腦中思想的外在表現。如果世界是無邊無際的大海，試想你用任何容器來裝海水，海水永遠都是充足的。經常在腦中想像這個畫面，給思想

換一個更大的容器，體會充裕和不受限制的感覺。

二、廣交善緣

先從自己的家人和朋友著手，為他們提供一些力所能及的幫助，在這些小的善事中，體會幫助他人的快樂，從而擺脫吝嗇的心理。同時，這樣做還能緩解和親朋好友之間的緊張氣氛，改變自己在他們眼中的形象，拉近彼此之間的距離，重新拾起美好的感情。

三、尋求心理諮商師的幫助

如果以自己的能力無法擺脫吝嗇的心理，又嚴重影響了自己的生活和工作，可以透過專業的管道獲得一些心理指導，根據個人情況的不同制定適合個人的調整方案。

心理能量十：猜疑 ——
與信任背道而馳的消極冒險

· 老公有「情況」

娟子的老公今年四十歲了，不但看不到衰老的跡象，反而隨著事業的成功，人也散發著成熟迷人的氣質，這讓已經有些年老色衰的娟子心裡很擔心。

老公在公司表現突出，經常會代表公司出差去參加一些會議，每當這個時候，娟子的心裡就像是有小貓再撓，腦海裡不斷浮現出老公和其他女人在一起的場景。為了「栓」住老公，每次老公出差前，娟子都會主動示好，目的是為了在老公出差前把他「餵飽」，避免出去「偷吃」。當老公回來後，娟子以「小別勝新婚」為由，主動親近老公，目的就是想要檢查老公在外有沒有「偷吃」。

一次，因為臨時出了一些狀況，老公延遲了一天才回家，而且飛機誤點，在機場等了近五個小時。回到家中後，已經疲憊不堪。但是娟子還要「例行檢查」，老公只好敷衍了事，這讓娟子十分不滿，認定了老公做了對不起她的事情。不管老公作何解釋，娟子就是不相信。最終老公無法忍受娟子的無理取

鬧，一氣之下住到了飯店裡。

・被暗示出來的打劫者

　　一天夜裡，陳濤因為和父母吵架，從家中跑了出來，身上只有十塊錢的他不知道該怎麼度過漫漫長夜。這時候，一輛計程車正好路過。於是，陳濤想搭計程車到同學家過夜。

　　當他伸手攔下計程車說明目的地時，司機表示不想去那麼遠的地方，正當陳濤準備離去時，司機又讓他上車，但是表情還是一副不情願的樣子。坐在車的後座，陳濤從反光鏡內發現，司機總是偷瞄他，於是不解地問司機：「有什麼好看的？」司機笑笑說：「沒什麼。」然後就開始講起了最近的計程車搶劫事件，以及自己被搶的經歷，那種語氣彷彿就是在暗示陳濤，他已經把陳濤當做是搶劫犯的嫌疑人。陳濤越想越氣，本來還想如果錢不夠，就到目的地時請同學先幫忙付錢，既然你把我當作搶劫犯，我也就不必和你客氣了。

　　到了目的地後，陳濤從口袋裡掏出隨身帶著的瑞士刀，放在司機脖子上，問道：「是要錢？還是要命？」司機頓時不敢再說話。陳濤便伺機跳下車，消失在夜色中。

・為何上司總不信任我

　　小李已經接連換了很多家公司了，到了而立之年，他仍然在不斷地跳槽中，而他跳槽的原因只有一個，那就是和上司

以及同事的關係緊張。他總認為上司對他持有不信任的態度，甚至有時候還猜忌，上司會在背後對他使壞。除了老闆之外，小李覺得同事們也很排斥他，有時候他一進辦公室，原本熱鬧的場面就會立刻安靜下來，小李懷疑同事們是在背後說他的壞話，所以才這樣躲著他。

最近更讓小李氣憤的是，老總替他招聘了一名助理。他認為老闆名義上是為了協助他完成工作，實際上是找個人在身邊監視他。這讓他感到了莫大的恥辱，再次決定跳槽。

「疑人偷斧」式的推理

俗話說：疑心生暗鬼，一個人一旦被猜忌影響了自己的思想和行動，那麼他對周圍的人或事都會抱著一種猜忌的心態，或是捕風捉影，或是無中生有，不但不能用正確的態度看待他人，對自己也無法做到正確地評估。

就如英國哲學家培根（Francis Bacon）所說：「猜疑之心如蝙蝠，它總是在黃昏中起飛。這種心情是迷惑人的，又是亂人心智的。他能使你陷入迷惘，混淆敵友，從而破壞你的事業。」

這是一個可怕的思想上惡性循環，先是在頭腦上假設了一個情形或者結果，之後就拚命地證實自己的假設，證實不了不罷休，最終距離真相越來越遠。

案例中的多疑的妻子、多疑的司機和多疑的員工，都是穿著不同的戲服演著同一齣戲。

猜疑是建立在主觀猜測的基礎之上，因此往往缺乏事實根

心理能量十：猜疑—與信任背道而馳的消極冒險

據，只是以主觀的想像猜忌別人。猜疑心強的總是戴著有色眼鏡看待他人，認為他人都是虛偽的、邪惡的，對別人的一言一行也十分敏感。因此，他們總是小心翼翼地對待他人，時刻保持著防範的心理。

娟子對老公的猜疑完全是出於她的主觀判斷，老公回來晚了她就認為老公在外面有了女人。而事實上，她並沒有親眼看到，甚至沒有聽到流言蜚語。而在那位司機看來，凡是夜晚出行的健壯男子，都有可能是劫匪，而事實上，他並不知道對方究竟是不是。還有小李，一旦工作出色，或者是職位得到了升遷，就總認為背後有一雙眼睛盯著自己，別人看待自己的眼光都是不信任的，甚至還會扭曲了他人的好意。

他們就像「疑人偷斧」故事中那個人，自己的斧頭丟了，便懷疑是鄰居偷走了，不管鄰居是走是站，在他看來都像是一個賊。而當他從山林中找到自己斧頭後，再看到鄰居，便覺得怎麼看都不再像是賊了。

這就是典型的猜疑心理，從一開始自己就先下定了結論，然後走進了猜疑的死胡同。一旦對某個人或某件事產生了懷疑，就會透過找出來的蛛絲馬跡再次證實自己論點的正確性，從而形成惡性循環。而事實上，那些所謂的證據，不過是自己臆造出來的，或者是在原有基礎上，加上自己的想像而形成的。因為內心是懷疑的態度，所以即便是找到能夠證明真相的相反證據，自己也不會去相信。所謂，不同的信念是「被選擇」出來的，這導致每個人眼中的世界也會有所不同。

· 猜疑之人活在自己糟糕的世界

　　每個人的人性中，都會多多少少地存在一些猜疑的心態。正常的猜疑不會影響我們的生活以及人生觀價值觀，而過分的猜疑則是一種精神疾病。雖然都是猜疑，但是正常的猜疑和過分的猜疑有很大的區別。

　　馬克思（Karl Marx）曾經問自己的女兒：「你最喜歡的格言是什麼？」女兒回答：「懷疑一切！」這種猜疑就是正常的猜疑，是對真理的不懈追求，是科學探索中的必要條件。而案例中所提到的情況，則超過了正常的界限，對任何人任何事情都持有猜疑的態度，已經造成了精神上的癱瘓，成為了身上的毒瘤，時刻釋放出毒液，腐蝕我們的思想。從而使我們喪失理智，用主觀、片面和刻板的邏輯思考來主導自己的推斷，對其他人和事進行毫無根據的判斷。

　　從另一個角度分析，猜疑心重的人，都是十分自私的人，他們選擇懷疑他人是因為他們害怕他人傷害了自己的利益。比較典型的是娟子和司機。娟子對老公的懷疑，實際上是她害怕老公出軌帶給她傷害；司機則是因為之前被搶劫過，所以對其他人都採取防範的態度。表面是提高了警惕，實際上，他們的無端的猜忌，不僅給身邊的人帶來了很大的傷害，也最終透過反作用傷害了自己。

　　猜疑會給人們的生活帶來諸多的負面影響。首先，一旦一個人被猜疑的心理蒙蔽，就會自我孤立，變得異常敏感，甚至害怕走近別人，同時也拒絕他人接觸自己。以至於一件小事，

心理能量十：猜疑—與信任背道而馳的消極冒險

一句無心的話，都能夠他疑神疑鬼、惴惴不安。就像小李一樣，他一出現，同事們便不再說話，他就認為內容一定與他有關，事實上，可能因為他是主管，下屬對他有所忌憚而已。

其次，因為無法做到信任他人，所以對他人的評價通常都是不切實際的，這剛好表現出他在內心深處對自己的不信任。如果我們一直以這樣的態度生活和工作，身邊的人就會漸漸疏離我們，因為沒有人能夠長期忍受他人的猜忌，遷就這種「敏感」。

同時，猜疑的心理會使人的精神時刻處於人為的高度緊張狀態，周圍一旦有些風吹草動，就立刻進行漫無邊際的猜想，極盡可能地將事實扭曲。事實上，自己的內心在此刻是十分痛苦的，還要浪費精力來撫慰自己。可見，陷入了猜疑之中的人，活得有多累。

最後，無論猜疑是發生在朋友之間，還是發生在戀人之間，還是發生在夫妻之間，乃至是發生在同事之間，都會產生嚴重的影響。朋友之間的不信任，會破壞友誼的純真；戀人之間的不信任，則會影響感情的進展；夫妻之間的不信任，則會導致婚姻的不幸福；同事之間的不信任，將會影響事業的發展。

因此，猜疑帶給我們的大多是負面的影響，既傷人又傷己。我們對他人不信任，他人就以同樣態度來回報我們，很多事情在開始時，並不是相互懷疑的結果，但是因為懷疑了，於是便得到了懷疑的結果。

就像案例二中的司機，原本陳濤並沒有搶他錢的想法，但是司機他懷疑的眼光，以及質疑的語氣，使得陳濤要「證明」給

他看。如果他一開始就把陳濤當作好人看待，也許即便是陳濤真的想要搶劫他，也會放棄這個念頭。

從這個案例我們可以明白：是自己的信念決定了自己的遭遇，從而決定了自己的人生。如果想改變自己眼中這個糟糕的世界，勢必需要從調整自己的內心做起。當你的內心充滿了積極的念頭，你眼前的這個世界也會變得乾淨明朗。

· 猜疑心理從哪裡來

猜疑通常都是由一個假想目標引起，可能是人，也可能是一件事，然後對此進行封閉性思考。美國著名的心理學家威廉·詹姆士（William James）指出，人產生猜疑心理的主要原因，表現在以下五個方面：

一、心靈曾經受過傷害

通常，個體遭受的挫折越大，就越容易產生猜疑心理。

二、與自身所處的人際關係緊張有關

如果一個人長期處在人際關係緊張、「火藥味」十足，充滿明爭暗鬥的環境中，就等於為猜疑提供生長的外部環境，漸漸地，性格中就會融入猜疑、戒備，相互設防的不良基因。

三、個人的私心過重

一般獨裁者、野心家的私心都很重，所以他們的疑心也很重。他們在遇到事情時，首先考慮的人是自己，所以他們行動

起總是畏首畏尾，有時候甚至連自己都覺得不甚光彩。因此，他們才會對其他人更加防範，害怕他人看到自己的「小祕密」。相反，如果一個人清心寡欲，那麼他就不會猜疑他人。

四、與個人的成長有關

如果從小就生活在父母的「專權」下，或者在與繼父繼母極度壓抑的環境中成長。長大後，就會在他的人格中體現出缺乏自信、依賴心強、膽小怕事的特點。因為自己什麼也做不了，因此對他人也總是小心翼翼，充滿了戒備和猜疑的心理，為了不得罪人，不做錯事。

五、與人所處的年齡階段有關

隨著年齡的增長，年紀越大，猜疑心理就越強。原因在於受體內新陳代謝規律的影響，人的各方面功能都在衰退，如視力下降，耳聾，行動緩慢等，自然會容易產生自卑感，越是自卑的人，內心的猜疑也就越大。而且，作為老人有很多顧慮，如子女萬一不孝順怎麼辦？總是生病怎麼辦？會不會成為子女的負擔……這類恐懼心理，很容易導致猜疑心理的產生。

・信任的力量

猜疑很大程度上是因為自己非常敏感，適度的敏感對我們是有利的，但是過度的敏感就會使我們變得多疑。因此，我們要控制自己的敏感程度。首先，當自己開始懷疑他人時，要立即去尋找懷疑的原因，在還未正式形成懷疑之前，在腦海中形

成正反兩方面。其實在生活中很多猜疑，只要經過我們稍加分析，就會發現猜疑的原因很可笑，甚至找不到原因。

傍晚，一個男子熟練地從窗戶翻進了一戶人家，他已經觀察了很多天，這家只住了一個單身女子，每到晚上家裡都沒有人。他只需進去偷些錢出來，然後就可以逃離這個城市，躲開員警的追捕。

正當他打開手電筒準備搜羅屋子裡的值錢東西時，一個溫柔的聲音響起：「是誰？隔壁的陳阿姨嗎？」然後就看見一個穿著白裙的女孩，摸索著向他走來。原來是個盲人，男子的心頓時放鬆下來。他清了清嗓子，說道：「我是陳阿姨的侄子，她的腿摔傷了，讓我過來看看你有什麼需要幫忙的。」女孩聽後，連忙關切地詢問陳阿姨的傷勢，並且從一個小抽屜裡，拿出了幾張疊得十分整齊的錢，交給了男子，並說：「你和陳阿姨一樣，都是好人，這些錢算是我的心意。」

本來就是求財而來的男子，此刻卻無論如何也無法說服自己收下這筆錢。他沒有想到自己還能夠被人相信是好人，他曾無數次對員警解釋那個人的錢包不是他偷的，但是員警卻不相信他，反而要把他關起來。一種從未有過的溫暖，讓他的聲音哽咽了，「好，我替陳阿姨謝謝你。」他輕輕地把錢放在了桌子上，然後準備從窗子離開。

「門在那邊。」女孩用手指著另一個方向，笑著對男子說。男子走出門的那一刹那，便決定回到警局，把事情說清楚，他相信自己沒有做過的事情，誰也不能冤枉他。男子走後，女孩走到桌子前，把錢又放回到那個小抽屜裡。其實，她不是盲

人，只是燈壞了，維修人員一直沒有過來修而已。

在信任危機越來越嚴重的今天，很多人認為信任他人，是一種冒險。如果是如此，那麼猜疑就不是一種冒險嗎？每個人的世界都是自己投射的結果，自己是什麼樣子，看到的世界也是什麼樣子。信任是猜疑的對立面，是一個人最高層次的需求。如果我們能夠做到對一個人絕對的信任，就能夠給這個人帶來巨大的力量。

因為信任能夠使人產生強烈的責任感，能夠充分挖掘人的潛力，並釋放出能量。當一個人得到周圍人的信任時，他就會產生一種要不負眾望的心理。

·消除猜疑心理的五個建議

一、多一些信任，以寬容待人

寬容是一個人道德情操和修養的體現，擁有一個寬容的心靈，內心就會變得純淨。多給他人一些信任，能夠開闊胸懷，提高自己的精神境界，從而排除猜疑這種不良心理的干擾。

二、擺脫猜疑的錯誤思考

在遇到一件事情時，不要急著給予定論，這樣才能避免走進「先入為主」的錯誤思考中。才能在無法得到自我證實和無法自圓其說的情況下，不得不打消懷疑的心理。

三、提高心靈的透明度

提高心靈的透明度，就是要我們敞開心扉。對於猜疑心重的人而言，猜疑是他們心靈閉鎖的心理屏障，只有將心靈深處的猜疑公布於眾，或者是面對面與被猜疑者推心置腹地交談，曝光心理的陰暗面，才能使心靈日益透明化，增加相互之間的信任。

四、不要被流言蜚語迷惑

多疑的人最受不了的就是流言蜚語，常常在流言蜚語中失去理智。因此，要抵制流言蜚語對自己的攻擊，在它面前保持冷靜，找出真相。

五、不被「離間計」迷惑

在猜疑某個人之前，我們先對此人進行一番分析，以平時的相處，還有對方為人處世的表現，是不是真的符合我們的懷疑，不要輕易被「懷疑」挑撥了我們和他人之間的關係。

心理能量十：猜疑—與信任背道而馳的消極冒險

心理能量十一：偏執 ——
保護自我的拙劣手段

· 本性難移「大男人」

　　零亂的家中，李靜的丈夫跪在地上，請求她的原諒，而李靜的嘴角還流著血，這樣的戲碼已經上演過無數次了，每一次李靜都選擇原諒丈夫，而這一次，她還懷著孕，丈夫就下手打她，讓她對眼前這個男人徹底死心了。

　　兩年前，李靜經人介紹與丈夫結婚。戀愛時，丈夫對她很體貼，只是偶爾會有些大男子主義。結婚後，丈夫的大男子主義體現得更加明顯，一切事情都要他說了算，李靜如果表現出異議，丈夫就會大聲地呵斥她。有時候，李靜想買一件衣服，但是丈夫認為不合適，他便堅決不讓李靜買。

　　如果兩個人爭執地嚴重了，丈夫還會動手打她。第一次丈夫動手打人，李靜收拾東西回娘家，丈夫在娘家的門外跪了半個多小時，求她原諒。李靜選擇了原諒丈夫，但是她沒有想到，那僅僅是一個開始。李靜也曾試著心平氣和地和丈夫談這件事，但是丈夫卻說自己本性就是這樣，因為他是大男人，如果改了，就不再是自己了。

心理能量十一：偏執─保護自我的拙劣手段

丈夫的回答，讓李靜無言以對，她只能選擇默默地承受。但是李靜的退讓換來的卻是丈夫的變本加厲，他禁止李靜和他以外的男人接觸，哪怕是多說了兩句話，丈夫就認定李靜和那個男人有姦情，不管李靜怎麼解釋他都不聽。

這一次，因為李靜和鄰居的男主人寒暄了一句，丈夫就給了她一個巴掌，並認定李靜肚子裡的孩子不是自己親生的。李靜無法再忍受，提出了離婚，於是就出現了文章開頭那一幕。

·思想偏激「跳樓女」

晚上六點鐘，馮女士接到了學校打來的電話，女兒郝娜此刻正站在學校十層樓的大樓上準備跳樓。馮女士立刻趕到了學校，所幸經過學校老師的勸導，女兒已經安全地坐在教室裡了。經過瞭解，原來是女兒在學校與同學打了起來，老師從中調解，她卻罵老師偏袒家中有錢的學生，與老師爭執起來，最後發展到跳樓那一幕。

事情的起因要從上星期的體檢開始說起，不知道什麼原因，郝娜和一個護士爭執了幾句，護士最後說了一句「神經病」，就走開了。同學們看到這一幕紛紛勸郝娜，郝娜卻說大家多管閒事。今天上課期間，有兩個學生坐在後面竊竊私語，郝娜隱約聽到一些「體檢」、「醫生」之類的字眼，便以為是那兩個學生在議論自己，於是與那兩個女生吵了起來，吵著吵著竟打了起來。

而且今天這樣跳樓的戲碼已經不是第一次上演了，前段時

間，郝娜就企圖跳樓，被同宿舍的女生救了下來。原因在於她喜歡的男生喜歡上了別的女生，她認為那個男生對不起她，而事實上，那個男生很明確地拒絕過她，而她卻認為那男生是想考驗她的愛，所以故意拒絕。

同房間四個女生，郝娜沒有一個要好的朋友，大家見了她都避之不及，她從來不從自己身上找原因，反而認為大家是故意針對她。說到這裡，老師好心勸馮女士，希望她能夠帶郝娜去看一下心理師。

・當一個人屬於偏執型人格

偏執型人格的人，不能夠客觀公正地評價周圍的人和事，他們的感覺極為敏感，對他人羞辱或是無意識的傷害總是耿耿於懷。在思想和行為上，通常表現為固執死板、心胸狹隘、愛嫉妒，或公開抱怨和指責別人。而且，他們對自己的偏執行為持有否認態度。

當一個人屬於偏執型人格，他就不能和睦地與家人、朋友、同事等相處，總是會不斷發生衝突，直到他人因受不了而離開。

偏執的產生主要是因為一個人在知識上的極度匱乏，見識上孤陋寡聞，社會教育上的自我封閉意識，思想上主觀唯心主義等。他們常以絕對的、片面的眼光看問題。總是以偏概全，固執己見，鑽牛角尖，不理會他人的好意，甚至還會把好意當成是惡意。

心理能量十一：偏執—保護自我的拙劣手段

郝娜的偏執就屬於在思維上主觀的唯心主義，她不管真正的事實是什麼，自己認為是什麼就是什麼，並且不會理會他人的解釋。她只按照個人的好惡和一時心血來潮去論人論事，缺乏理性的態度和客觀的標準，容易受他人的暗示和引誘。一旦喜歡了上某人，別人無意中看她一眼，她就認為是對她眉目傳情。有時，就算是知道了對方對她沒有感情，她也不願意承認。並且類似郝娜這樣偏執的人，做事情十分莽撞，不計較後果，從不考慮他人的感受。

自卑、敏感、多疑的人常常因為聽到別人不經意的議論，而引起心理上的防範意識，使他們立刻進入「自我防衛」的狀態中，當「防衛過度」到了偏激的程度時，就形成了偏執型的人格。

·首先瞭解「自我概念」這個概念

自我意識或自我概念，就是自我，是一個人對自己存在狀態的認知，包括對自己生理狀態、心理狀態、人際關係及社會角色的認知。

詹姆士關於自我的概念包括主我和客我，前者是認識的主體，是主動的自我；後者是認識的對象，即被觀察者，它包括一個所持有關於他自己的所有的知識與信念。主我是自我的動力成分，是活動的過程，客我則制約主我的活動。

美國心理學家羅傑斯（Carl Ransom Rogers）認為，自我概念比真實的自我對個體的行為及人格有更為重要的作用，因為

它是自我知覺的體系與認識自己的方式。自我概念是指一個人如何看待自己，對自己總體的認知和認識，是自我知覺和自我評價的統一體。自我概念包括對自己身分的界定，對自我能力的認知，對自己的人際關係及自己與環境關係的認知等。自我的發展是流動的，當一個人開始固定自己，不求發展時，就容易發展成偏執型的人格。

李靜的丈夫對自己行為的解釋，就是他的自我定義，他認為自己就應該是這個樣子，在這個方面已經定型了，不會再有所改變，只能成為長久以來的這個樣子。這事實上就是在扼殺可能成長的機會，從而給他留下難以改變的問題。

一個人若固執地認為「我就是這樣，這是我的本性」時，只會加強自己的惰性，阻礙自己的發展，對自我成長進行設限。而李靜地一味忍讓，讓丈夫的自我認定得到了鼓勵，所以他才一直沿襲著「自我」，認為一旦改變，就是失去自我。

生活中，很多人都容易把「自我描述」當成自己不求改變的辯護理由，一旦認為自己是什麼樣的人，就是什麼樣的人。而這事實上在否定自己，因為當一個人必須去遵循標籤上的自我定義時，自我就不存在了。他們不會向些藉口以及其背後的自毀性想法挑戰，而是選擇接受，承認自己一直如此，最終得到的結果就是自毀。

偏執型的人之所以這樣，是因為描述自己，比改變自己更容易，因此他們一直用「我就是這樣」來為自己不願意改變做掩護，掩飾自己的人格上的缺陷。當這樣的「自訂」使用多次後，就會由心智進入潛意識，自己也開始相信自己就是這樣，直到

真正地定型。

·樹立積極的自我概念

　　偏執的人大多容易衝動，如果能夠有效地控制自己的衝動，就能夠在一定程度上遏制偏執的行為。

　　控制衝動首先要按理智判斷行事，其次是克服追求情感滿足的本能欲望。當能夠做到控制自己的衝動時，就開始破除那些消極的自我概念，逐漸培養積極的自我概念。

　　當自己想說「我就是這樣」，變成說「我以前就是這樣」；

　　當自己想說「我沒有辦法」，變成說「如果我願意努力，就一定能有辦法改變」；

　　當自己想說「這才是我的本性」，變成說「那是我以前的本性」。

　　不斷地對自己的偏執想法和偏執行為做及時糾正，就能夠形成對現實自我客觀的認識，有助於我們對自我認同和積極接納以及對自我不完善的承認，從而以積極的角度發展自己。

　　積極的自我概念包括全面客觀的自我認識和接納自我。

　　全面客觀的自我認識可以透過積極地參與社交來實現，在社交中充分表現自己，發現自己的優點和不足，米德（George Herbert Mead）強調，自我概念只有在社交中才能形成，因此，社交對形成全面客觀的自我認識，有著十分重要的作用。

　　其次，還可以透過社會比較來增強自我意識。在日常生活中，人與人之間經常會進行比較，這也是全面客觀認識自我的

重要方式。合理的社會比較是綜合的比較，而不是毫無原則的比較，透過與不同背景、不同經歷的人進行全面的比較，然後進行綜合的考慮，從而形成積極地自我認知。

最後，要重視他人對自己的態度和評價。庫利（Charles Horton Cooley）曾提出「鏡中自我」的概念，這一概念強調的是別人的態度、評價對自我概念形成有著重要的作用。個體的自我概念，就是他人態度或評價在自我腦中的反應。重視他人的態度和評價，並不是要我們完全相信他人的態度和評價，而是把不同的人對自己的態度和評價結合起來，再加上自己的認知，形成一個比較全面、比較客觀的自我概念。在這個過程中一定要虛心，這樣才能起到調節自我、戰勝自我、完整自我的作用。

認識自我後，就是發展自我，發展自我的核心和關鍵是接納自我。這就是要求我們無條件地接受自己的一切，無論自己是好的、壞的、失敗的、成功的、有價值的，還是無價值的，都應該積極地接納，平靜而理智地對待自己的長短優劣、得失成敗。用發展的眼光看待自己，不要以虛幻的自我來補償內心的空虛，消極地回避自身的現狀。

然後在接納自己的基礎上，樹立起自信心，發展自己，更新自己。

心理能量十一：偏執—保護自我的拙劣手段

・成功應聘的赫蒙

赫蒙畢業於耶魯大學，然後在德國弗萊堡讀完碩士。回國後，他到美國西部的大礦主赫斯特那裡工作。

赫斯特的脾氣十分執拗，本身沒有什麼學歷，也不相信有文憑的人，尤其是對那些看起來文質彬彬、滿腹理論的工程師，他認為他們空有理論，實踐起來就是個白癡。當他看到赫蒙時，十分粗魯對赫蒙說：「你是弗萊堡的碩士，我斷定你的腦子裡裝滿了沒有用的理論，我可不需要什麼文縐縐的工程師。」

赫蒙聽後，一本正經地對赫斯特說：「如果您能保證不告訴我的父親，我想告訴您一個祕密。」赫斯特答應了他的請求，於是赫蒙接著說：「其實，我在德國什麼也沒有學到，我在那裡白混了三年。說實話，那裡的女孩真不怎麼樣。」

赫斯特聽到這樣的話，立刻轉變了態度，當即同意赫蒙第二天就到礦場來上班。

在人際交往中，獲得好人緣的法寶就是儘量使自己先讓步，偏執的人之所以人際關係緊張，就是因為他們不懂得讓步，退一步海闊天空，能用退步解決的問題，為什麼一定要用攻擊的方式解決呢？更何況，有時候退步並不是妥協，而是巧妙的進攻。

· 偏執狂的自我拯救

一、廣交朋友

多結交朋友可以學會如何信任他人，消除自身的不安全感，在這裡，還有一些原則和要領需要注意。

首先要坦誠，真心與人交朋友，才能換來對方的真情。要相信大多數人是友好的、是值得去信賴的。交朋友的目的就是為了尋求友誼的幫助，進行思想、感情上的交流，以此克服自身的偏執心理。對朋友不信任，存在偏見，是對友情的最大傷害，也違背了交友的目的。

其次，要在交往中儘量主動給予朋友各種幫助，這有助於取得對方的信任和鞏固友誼。尤其當朋友有困難時，你伸出援助之手，朋友會大為感動，從而增強彼此的信賴和友誼。

最後，不可忽視交友中的「相容原則」，性格、脾氣相似一致，有助於心理相容，成為好朋友關係；性別、年齡、職業、文化修養、經濟水準、社會地位和興趣愛好等也存在「心理相容」的問題；思想意識和人生觀、價值觀的相似和一致，是心理相容的最基本條件，也就是所謂「志同道合」。

二、自我治療

因為偏執型人格腦裡存在非理性觀念，因此偏執型人格的人喜歡走極端。想要改變偏執行為，患者要做到能夠分析自己的非理性觀念，非理性的觀念通常有：

（一）我無法容忍他人對自己有一點不忠。

心理能量十一：偏執─保護自我的拙劣手段

（二）我只相信自己，在這個世界上沒有好人。

（三）不能忍受他人的進攻，必須要立刻做出反擊，這樣他才能知道我比他厲害。

（四）溫柔會給人一種軟弱的形象，因此，我不能表現出溫柔。

當出現以上非理性觀念時，可以透過以下方法對這些觀念加以改變，剔除思想的偏激。

（一）別人偶爾的不忠是有情可原的，畢竟我不是說一不二的君主。

（二）這個世界上還是好人居多的，應該相信那些好人。

（三）馬上對攻擊自己的人進行反擊，並不見得是上策，應該先辨別自己是否真的受到了攻擊。

（四）不敢表示自己真實的情感，這本身就是虛弱的體現。

每當自己出現偏激的想法和行為時，就要把這些合理化的觀念默念一遍，以此來阻止自己偏激行為。有時候不知不覺中流露出了偏激的行為，事後要對此加以反省，分析當時的想法，然後做出理性的改造，防治下次再犯。

三、對立糾正訓練

這種方法能夠很好的克服對抗心理，防止對其他人不信任和充滿敵意的行為。

首先，要經常提醒自己不要陷入「敵對心理」的漩渦中。可以透過事先自我提醒和警告，然後在待人處世時注意糾正，這樣能夠明顯改善敵意心理和強烈的情緒反應。

其次，要知道想要得到他人的尊重，就要先尊重他人，對那些幫助過自己的人衷心表示感謝。

同時，努力對所有人微笑，即便是不習慣也要試著去做。

最後，要學會忍讓和有耐心，生活中出現一些摩擦是不可避免的，這時必須忍讓和克制，不能讓敵對的怒火影響自己的判斷力。

心理能量十一：偏執─保護自我的拙劣手段

心理能量十二：恐懼 ——
對未知事物無所適從的強烈反應

· 懼怕鮮花的女孩

美麗的鮮花，是每一個女孩內心都嚮往的禮物，但是當小晴收到男友送來的一束鮮花時，卻像收到了一個炸彈一樣，立刻把鮮花丟遠遠的。

這個舉動讓男友感到莫名其妙，對於小晴而言，鮮花不是美好的象徵，反而更像是一個噩夢。這其中的源頭，要從小晴十個月大時說起。那天，外婆抱著她去參加小姨的婚禮，新郎接新娘時放起了鞭炮，嚇得小貓跳上了桌子，把插著鮮花的花瓶碰到了地上摔碎了。見到此景的小晴，立刻嚇得大哭起來。

兩歲那年，小晴一個人在院子玩耍，忽然就大哭起來，並一直用小手指著開得正豔的牡丹花，不管家人怎麼哄都不管用。再長大一些時，小晴就能夠表達出自己對花的恐懼感了。

一次，她看到一個人舉著花環走在街上，竟嚇得拚命跑回家，並驚慌失措地對母親說，花張著嘴來追她了。然而母親去沒有注意，還把小晴的話當笑話講給父親聽。

漸漸地，小晴對花的害怕程度由鮮花擴展到了紙花、塑膠

花，甚至是床單上，或者是紙上的印花。有時候，為了躲避花，她寧願選擇繞很遠的路。身邊的人知道小晴害怕花的毛病，常常藉機取笑她，導致小晴的性格也越來越孤僻。

・不敢登高的總經理

　　張先生是某建築公司的總經理，這天他到酒店參加一個商務會議，被臨時通知到頂樓的會議大廳。當張先生搭上電梯時，才發現這個酒店的電梯是觀光電梯，隨著電梯的不斷升高，張先生開始感到呼吸困難、心悸，身體開始顫慄，腿發抖，手心不斷滲出汗水，他本想故作鎮定，卻再也控制不住內心的恐懼，暈倒在電梯內。

　　被同事送往醫院後，張先生得知自己一直不敢登高的原因是他患上了恐高症。這讓張先生十分不解，小時候他經常爬樹，有時候甚至能夠爬上三、四層樓高的樹，小時候都不怕，怎麼長大後反而懼高了呢？

　　百思不得其解的張先生只好向心理諮商師求助，在心理醫生的引導下，張先生緩緩說出了自己第一次對高空感到不適的情形。那次，他正在工地現場勘查，忽然伴隨著一聲驚呼，一個東西重重地落在了他面前，等他回過神來時，看到的是四處彌漫的血跡，和一雙再也無法睜開的眼睛。

　　問題似乎找到了根源，但是症狀卻沒有因此而消失，張先生再一次來到了心理諮商室。這一次他被安排在一張旋轉椅上，想像不斷上升的情景，耳邊還伴隨著呼呼的風聲。張先生

再次感到了頭痛欲裂，似乎馬上就要死去了。正當他想要停下來時，心理諮商師讓他努力想腦海中出現了什麼畫面。浮現在張先生腦海的是醫院的太平間，冰冷的床上躺著他最好朋友的屍體，屍體上蓋著白布，朋友的妻兒在旁邊撕心裂肺地哭泣，而門外卻是親戚大聲爭論財產的分配問題。

張先生最好的朋友兩年前過勞死，他們從十五歲便一起離家出來打拚，終於有了一定成績後，正準備聯手發展事業時，好友卻離開了，這對張先生的打擊無疑是致命的，也是他恐高的始作俑者。

· 無法走過的天橋

小梅從小就十分膽小，去哪裡都要家長陪伴。長大後症狀稍微減輕，但是她依舊很少出門，除非必要否則她絕對會選擇足不出戶。

這天，小梅的朋友莉莉來家中看她，臨走時，小梅出門送朋友，並到沿途的一家便利商店買東西。然而小梅出去四個小時後，都沒有回來，眼看外面就要下雨，小梅的父母內心焦急萬分，打了很多遍手機，都是無法接通。不得已，父親拿著雨傘出門去找小梅。

剛下了天橋，父親就看見小梅躲在一家商店門口的角落裡，渾身濕透，不停地打著哆嗦。當父親牽著小梅走上擁擠的天橋時，明顯感覺到小梅的手越攥越緊，並不停地發抖，恨不得把頭縮進肚子裡。當走到天橋的中央時，小梅忽然掙脫父親

心理能量十二：恐懼—對未知事物無所適從的強烈反應

的手，雙手環住胸部，蹲在地上大聲喊道：「走開走開⋯⋯不要碰我。」

在父親的幫助下，小梅終於回到了家。在父母的一再追問下，小梅終於說出了實情，其實一直以來，小梅都很害怕到人多的地方去，今天出去的時候還沒有到下班高峰期，所以天橋上人不多。結果她在超市逛的時間有點長，出來後，天橋上人來人往都是人，她幾次試圖踏上天橋，都因為內心的恐懼而退縮，只好躲在一旁。

為何小梅如此害怕過天橋呢？這要追溯到她小時候。大約在五六歲的時候，一天母親下班回來對父親說：「天橋上一個女人弄丟了孩子，坐在橋上哇哇大哭呢！」父親聽後，說：「天橋上人來人往的，帶著孩子出門可要注意了。」小梅聽到了，頓時認為天橋是一個會弄丟小孩的可怕地方。

後來再長大一些，小梅的發育比其他孩子早一些，十歲時就出現了少女的身體特徵。那天她獨自一人從天橋走過，在擁擠的人群中，忽然有一隻大手摸向她的胸部。身體正處於敏感期的小梅感到受到了莫大的屈辱，飛快地跑回了家，卻不敢向父母透露半個字。

從那時起，小梅就格外害怕一個人過天橋，尤其是人多的時候，她寧可選擇暫時不出門，也不願意去「冒險」。

· 恐懼是一種心理障礙

　　威廉·荷爾克姆（William Holcombe）說：「所有最大的病態心理，影響人類身體最兇惡者，是懼怕的情態。懼怕有許多等級或階段，自極端失驚、恐怖或驚駭情態起，下至感覺接近不幸的輕微恐慌。但是沿這條線的都是同樣的東西——在生活中心的一種破壞印象，經過神經系統的作用，會在身體的每一個細胞組織，發生廣泛的各種症狀。」

　　恐懼通常來源於超負荷的壓力、焦慮以及我們有意識、無意識之間折射出來的生活事件。當人們被恐懼的心理所束縛時，就會出現不愉快的生理感覺，第一反應就是曲解這些徵兆，認為出現非常嚴重的錯誤，或者自己身上將要發生什麼事；接著就會產生逃跑或者是躲避的行為。

　　小晴懼怕鮮花的根源在她十個月大的時候，由鞭炮——小貓——花瓶——花所產生的連鎖效應，使幼小的她受到驚嚇，並在心裡留下了很深的陰影。看似十個月大的孩子不懂事，沒有什麼分辨能力。事實上，人在幼兒時期的大腦皮層雖然還沒有發育完全，但是卻可以記憶東西，只是還沒有形成分辨能力。在那個時候受到的驚嚇，會留在孩子的腦中，影響她今後的生活。

　　而小晴的父母並沒有重視這個問題，才導致小晴對花的恐懼程度日益加深。

　　而對於張先生而言，他的恐懼來源則更深一層。看似他恐高是因為目睹了工人從高空墜落，然後死亡，而事實上，這只

心理能量十二：恐懼—對未知事物無所適從的強烈反應

是一個誘發因素。他對高度的格外敏感和感到不適，只是意外墜樓時間所引發的應激性反應。這是一種由於突發事件，或者是困境下所引發的一種過激性精神障礙。心理學家指出，這種障礙通常是在受到刺激後數分鐘或是數小時出現，最長超不過三個月就會自動消失。

真正造成張先生恐高的因素是朋友的死亡，當張先生處在高空時，他的反應是頭痛欲裂，有一種死亡臨近的感覺。美國心理學家瑪姬菲力浦博士認為，人的肉體和心靈緊密相連，身體某個部位的疼痛與心靈的創傷是一致的。當某人在體驗劇烈的身體疼痛時，在他腦海中浮現出來的畫面，很大程度上就是他內心隱藏的傷痛。

張先生和好友的經歷很相似，家庭貧困，憑著自己的努力獲得了事業上的成功。然而，朋友卻因為勞累過度而死，這讓張先生似乎看到了自己，他擔心自己是否也會像朋友一樣突然離世，扔下自己的妻兒。這種焦慮深深地影響著張先生，但是因為對事業的不懈追求，這種焦慮一再被擠壓，卻從來沒有消失。直到工地發生意外，張先生隱藏在心底的焦慮爆發了。

可以說，張先生所恐懼的並不是真正意義上的高度，而是他內心的高度。一直以來，他都在追求事業上的高峰，在精神上早已不堪重負。而他自己還沒有意識到，但是潛意識卻已經洞察到了，以「懼高導致驚恐發作」的方式，來提醒張先生，要注意休息，以免像好友那樣，在事業的高峰期猝死。

小梅的情況則與小晴有些相似，都是因為曾經留下的恐怖記憶，而造成了恐懼的加劇。先是弄丟小孩的事件讓年幼的小

梅認為那是一個危險的地方，接著在發育期遭到性騷擾，這件事直接導致了小梅認為人多的地方，就是危險的地方，隨時可能出現壞人，因此才會有深深的恐懼感。

在人的成長過程中，對你影響力大的人，會對你的判斷力產生深遠的影響。例如父母，小梅就是在聽了父母的話後，才開始認為人多的地方，就是危險的地方。

· 恐懼的根源

恐懼是人類及生物情緒中的一種，通常是因為周圍有不可預料、不可確定的因素，使內心感到無所適從，進而在心理上和生理上表現出的一種強烈的反應。但從心理學角度出發，恐懼是一種有機體企圖擺脫、逃避某種情景而又無能為力的情緒體驗。是人類因受到威脅而產生並伴隨著逃避欲望的情緒反應。

恐懼心理的主要特點是對發生的威脅表現出高度的警覺。如果威脅持續存在，個體的活動少，目光凝視含有危險的事物，隨著危險的不斷增加，可發展為難以控制的驚慌狀態，嚴重者出現激動不安、哭、笑、思想和行為失去控制，甚至休克。通常在生理上的表現為：心跳猛烈、口渴、出汗和發抖。

有這種心理的人，做任何事情謹小慎微，凡事都要三思而後行，最滿意的生活狀態是得過且過，從來不會想去創新，甚至不敢想。恐懼的心理並不是先天就有的，而是隨著時間的推移，經驗的累積，特別是在經歷了十分痛苦的事情後，而產生了一種自我保護的心理，用一種無形退避的心態將自己封閉

心理能量十二：恐懼—對未知事物無所適從的強烈反應

起來。

　　長久下來，內心中就形成一層厚厚的「沉積物」，也就是膽怯。大多數人都有過恐懼的經歷，平均每十個人中就有一個。如果不加以緩解，即使只是中等程度的驚慌，也可能變成真正的、令人痛苦的恐懼感，導致緊張和驚慌的出現。

　　致使人產生驚恐的原因通常是過去受到的某種創傷經歷或者是幼年時期的恐懼。而導致這些恐懼無法消逝的直接因素就是，大部分人在面度恐懼時，選擇了逃避。

　　這樣恐懼的心理永遠不能得到解脫，而且當一個人內心充滿恐懼時，不但會殘害了自己明智行動的機會，也會將這些破壞性的情緒傳給周圍的人，對他人造成惡劣的影響。可以說，恐懼是個人能力上的一個大漏洞，是人的創新精神處於麻木狀態，毀滅人的自信心，變得優柔寡斷。

・面對恐懼

　　恐懼心理其實就是一種心理想像，是存在於幻想之中的，只要我們能夠認知到這一點，並且能夠正視它，恐懼就會自行消失。

　　然而，面對恐懼並不是一件容易的事情，很多時候都會因無法承受那種恐懼感而放棄。也許這樣會使恐懼的情緒暫時消失，卻不能得到根除。反而會在潛意識裡形成一種訊息，即「我能對付這種處境的唯一辦法就是逃避。」在下一次面臨這種處境的時候，想逃避的欲望就會更加強烈。因此，最有效的辦法就

是面對。

首先，要先發現自己的不同之處，就是別人都不感到恐懼事物，而你卻十分害怕，就像小晴一樣，在別人眼中很尋常的花，卻是小晴最害怕的東西。當發現自己的不同之處後，該冷靜下來，並且回想是什麼原因讓自己感到膽怯。心理專家指出，人的膽怯來自對未知世界的恐懼。那麼當我們知道自己未知的世界是什麼，就能夠找到恐懼的根源了。

很多時候，當我們經過不斷的探索追溯到根源，對恐懼的根源進行反思時，會發現曾令我們害怕的原因多麼微不足道，甚至是荒謬。當明白了這點時，恐懼就會自然而然地消失了。

所以，只有找到真正的原因，才能完全擺脫恐懼，就算是追溯的過程再會引發你再次的創傷，會令你陷入深度的恐懼，只要你勇敢地面對，就能接受，最終放下。

佛家說，苦海無邊，回頭是岸，說的也是要追溯痛苦的源頭，去面對痛苦的源頭，答案就在那裡。

但是，類似小晴怕花這樣的恐懼症，因為發生的時間比較早，靠本人的力量恐怕難以自救，這種特殊的、對生活影響又很大的恐懼症，一定要尋求專業的心理治療機構來幫助自己。

・不帶錢去旅行

小海從小性格內向，甚至有點孤僻，他從來不敢和陌生人說話，害怕一個人出門，害怕貓和狗，怕黑夜，害怕荒郊野外，甚至害怕鳥兒從他頭頂飛過，他最害怕的莫過於死亡。因

心理能量十二：恐懼─對未知事物無所適從的強烈反應

此，從上學到工作，他的活動範圍僅限於家中和學校，幾乎沒有朋友，成了人們眼中的怪胎。每當他看到下班後，同事們三五成群地出去玩，他就問自己：「為什麼我不能像正常人一樣生活？」

經過了幾天的思考，小海做出了一個大膽而瘋狂的舉動，他辭掉了待遇豐厚的工作，背上簡易的行李，踏上了徒步旅行的旅程。幾百公里的路程，小海身上沒有裝一分錢，目的就是就是為了戰勝自己對死亡的恐懼。一路上，他透過幫餐廳做事，換取食物，睡過荒涼的郊外，也住過農村的柴房，還睡過有錢人家的客房。

但是，他從來不接受任何人的現金饋贈，他說：「我的目的是認識朋友。」兩年後，小海回到了家中，他的父母簡直不敢相信這是自己的兒子。從來沒有朋友的他，現在隔三差五就有從各地寄來的信件，還有很多陌生人來拜訪他。對於那些未曾謀面的人，小海對他們就像是多年未見的老朋友。

小海成功了，從他邁出第一步開始，他就知道自己一定能夠達成目標，因為這個世界上最難的事情，就是挑戰自己，而他做到了。他曾經因為不敢和陌生人說話，在餐廳門口餓了一天一夜，終於在感覺自己快要餓死時，向餐廳老闆提出了用勞動交換食物的請求。他曾因為害怕遇到壞人而不敢問路，誤打誤撞地走入了深山中，與豺狼虎豹的嚎叫聲度過了一晚。最令他難忘的是，他曾遭遇暴動，眼看著子彈從頭頂擦過，那一刻，他與死神的距離只有幾公分，他嚇到尿褲子。但在那之後，他發現面對死亡也不過如此。

　　儘管小海再也不想進行第二次這樣的旅行，但是他卻從來沒有後悔過自己的決定，因為他所收穫的，是一輩子的財富。

　　法國文學家蒙田（Michel de Montaigne）說：「誰害怕受苦，誰就已經因為害怕而在受苦了。」沒有天生的怯懦者，一切怯懦都是後天學來的。既然如此，我們也可以透過後天的努力，來戰勝恐懼，成為真正的強者。

· 緩解內心恐懼之感

　　恐懼也是我們日常生活中的常見情緒，對於一般情況的恐懼而言，我們可以使用以下幾種方法來緩解自己：

一、想像自己是演員

　　當你感到膽怯時，就把自己想像成演員，把自己想像成某劇終的角色，然後透過這個角色來表現自己，這樣就可以減少窘迫感。這種方法適用於各種場合，當準備好自己要做的一切時，剩下的就只有全心地投入到「表演」當中了。不要擔心這會使你脫離自己，這種角色預演最容易消除真實個人和扮演角色的界限，因為你所表現的就是自己的言行，所以流露出的也是真實的自己。

二、正確使用身體語言

　　人在膽怯時，通常會表現出閃爍其詞、遮遮掩掩、冷漠等，但自己往往不會注意，卻給旁邊的人留下了十分不好的印象，認為你是一個冷漠、自負的人。而事實上，你的身體語言

心理能量十二：恐懼—對未知事物無所適從的強烈反應

所傳達的訊號是「我害怕、我膽怯、我不安」，只是大多數人都會忽略身體語言。

因此，當你把緊繃的臉頰變成微笑，把閃躲的眼神集中在對方的臉上，相信對方就能夠感受到友好和善意，為溝通清除障礙。

三、釋放心裡的壓力

當今社會競爭激烈，尤其是背負著很多人希望的人，內心承受著巨大的壓力，在取得事業上成績的同時，失去的健康、親情、對生活的享受也越來越多。要知道，從來沒有最高峰，每個人對成功的定義都是不同的，生命的意義不僅僅只有事業，保持一個相對的穩定才是最重要的。

所謂的壓力都是自己不肯放過自己，因此，適當給自己的心靈放個假，讓生命的能量得到平衡，也就自然能夠擺脫因為壓力而造成的各種恐懼。

四、能夠承受最壞的結果

人們所害怕的，無非就是遭受最壞的結果，其實仔細想一想，最壞的結果會是什麼？也許是失敗了，失敗了又怎麼樣？頂多遭到周圍人的嘲笑。如果你不去理會這些，這些就等於不存在。所以，最壞的結果沒有什麼可怕，沒有必要因為它而阻礙我們的生活。

同時，要有一顆堅強的心去承受最壞的結果，跌倒了沒什麼，站起來，拍乾淨身上的土，就可以繼續前進。

心理能量十三：內疚 ——
良心和道德上的自我譴責

· 神祕的夜晚咳嗽聲

最近孫女士一家搬到了大房子裡住，房子大得讓周圍的人都羨慕，然而孫女士卻在這時候患上了「怪病」，每晚都被咳嗽聲吵醒，但奇怪的是家人卻聽不到。

這天，丈夫在外出差，兒子和同學出去郊遊，孫女士一人吃過藥便早早地躺下休息了。正當迷迷糊糊快要睡著的時候，忽然聽到門外傳來陣陣咳嗽聲，「咳咳咳……咳咳咳…………」孫女士立刻清醒過來，家裡除了自己沒有其他人，而他們住的是獨棟的別墅，不是普通的公寓，究竟是誰在咳嗽？

為了一探究竟，孫女士悄然起身，隨手拿起了床邊檯燈，打開房門走了出去。在樓上巡視一圈，沒有人。接著下樓，樓下依然沒有人，只有客廳的落地鐘發出「滴答滴答」的響聲。剩下閣樓了，孫女士躡手躡腳地爬上閣樓，猛地打開門，除了放著一些雜物外，絲毫看不出有人的樣子。

孫女士只好再次回到臥室，也許是自己剛剛在做夢，她想。然而當她躺在床上準備繼續睡覺時，耳邊再次傳來了「咳

心理能量十三：內疚—良心和道德上的自我譴責

咳咳……咳咳咳……」的咳嗽聲，這一次，孫女士再也不敢出去一探究竟了，她只好用被子將自己裹起來，試圖杜絕那恐怖的咳嗽聲。

不知不覺中，孫女士睡著了。夢中的她還沒有退休，正坐在值班室上夜班，看著窗外的的大雨。一個人影出現在雨中，是父親，父親的身上全是雨水，哆嗦地敲開她的門，然後對她說：「妮兒，你弟弟要結婚，但是還沒有新房，我想把我的房子先借給他，我能不能先借你的舊房子住一段時間？」

孫女士聽後，歇斯底里地對父親喊道：「憑什麼借給你？小時候你一點也不疼我。」父親聽後，眼神黯淡下去，淋著雨走了，邊走邊咳嗽，雨中迴盪著父親的咳嗽聲「咳咳咳……咳咳咳……」。

一道刺眼的陽光射進了屋子，孫女士被自己的夢驚醒了，臉上還掛著淚滴，那咳嗽聲是父親的。十幾年前，父親來找她借房子，她沒有答應，父親只好搬回到鄉下的房子裡。由於一時適應不了老房子的濕氣，父親感染了風寒，但是他自己卻沒有當回事。結果在挑水時，由於體力不支，掉到了井裡淹死了。

父親死後幾個月，孫女士才從弟弟口中得知這個消息。她後悔自己當初沒有借房給父親，否則父親也許就不會死。但當她想到小時候，父親對她的打罵和冷漠時，她又覺得自己做得沒錯。就因為自己是女孩子，而且是前妻的孩子，所以在家裡從來得不到重視。有好吃的、好玩的，都要讓給弟弟，常常是看著弟弟在一旁吃肉，而自己躲在角落裡流口水。一次，她忍不住搶了一塊肉吃，被父親打得幾乎下不了床。

從那時起，孫女士的心裡就對父親，乃至那個家產生了怨恨。所幸嫁人後，丈夫很疼愛她，兒子很懂事聽話，才讓她終於感受到了一點家的溫暖。卻沒有想到，馬上就要享受幸福的晚年生活時，被父親的咳嗽聲逼到幾欲崩潰。

· 好人為何沒有好報

和小潔已經認識了四年多，起初我們十分要好，儘管我們同歲，但是她更像一個大姐姐，事事照料著我。因此，每當我遇到困難，第一個想到的人就是她，她總能想盡辦法幫我擺平。我父母總是在我面前誇她優秀懂事，而我則像一個長不大的孩子。

後來步入社會，我們各自交了男朋友，我發現小潔對任何人都能做到無微不至。例如，我們一起出去玩時，她總是能夠幫我們準備好可能會用到的東西，甚至會幫我們每個人削好蘋果；天氣稍微有一點轉涼，她就立刻提醒我穿上衣服，甚至還會親自幫我穿好。小潔的「無微不至」讓我感到了巨大的壓力，尤其是在男友面前，我覺得自己不像是一個成人，更像是一個小孩，對此感到很沒有面子。

於是我便有意的疏遠小潔，只在特別的節日問候一下。最近，她好像遇到了很多問題，相戀了兩年的男朋友與她分手了，原因竟然是她太好了。

得知小潔遇到困難後，我試圖安慰她，但是她卻對我說她能夠自己解決，不想麻煩我。其實我也想不通，面對如此「完

心理能量十三：內疚—良心和道德上的自我譴責

美」的朋友，為什麼我會選擇遠離呢？甚至在小潔男友和她分手後，我還替那個男人鬆了一口氣。而且據我所知，小潔基本沒有什麼知心朋友，很多人開始都會和她很要好，但時間一長，就會漸漸遠離她。

‧內疚是一個更新自己的機會

內疚，表現為一個人對自己做錯事情的承認。內疚者往往有良心和道德上的自我譴責，並試圖做出努力，來彌補自己的過失。生活中每一個人都會感受到內疚這種情緒，正常的內疚對人的影響是積極的。而過分的內疚，就會成為一種病態，使人陷入長期的痛苦和憂鬱中。

在人際交往上，內疚也起著調節關係的作用。當一個人處於「接受者」的狀態時，他就會產生內疚，只有當他在之後能做個「給予者」的時候，這種內疚才能消除。但是，如果某「好人」總是當「給予者」，不願當「接受者」的時候，別人的內疚就無法消除，最後因為內疚過重而離開這個「好人」。因為在這個「好人」面前，自己實在「不夠好」，而沒有人願意擁有這樣的感覺。

案例一中的孫女士，其實是由於對父親的內疚而患上了「怪病」，而案例二中的小潔，是因為自己總不願意承擔內疚，總想站在「給予者」這道德上的居高位置而導致眾叛親離。究其原因，都是沒有處理好與「內疚」的關係。

從精神分析的角度而言，很精神憂鬱的人，都是因為內心

承受著內疚的折磨。當一個人處在內疚的情緒中，就會產生各種心理障礙，嚴重者還會影響身心健康。

孫女士心理障礙的主要原因，就是她對父親心存內疚。在她心裡，她認為父親的死是她造成的，如果當時她把房子借給父親，父親就不會獨自住到鄉下，也不會掉進井裡淹死。再加上與兄弟之間的感情疏遠，導致自己很久以後才知道父親去世，這種無聲的譴責，造成她內心的愧疚感和罪惡感。因此，父親出現的那個雨夜，成為了她最不願意面對的畫面，所以她選擇了暫時遺忘。但是，潛意識卻深深地記住了這一切。

然而，當她搬進大房子住，丈夫和兒子又不能陪在她身邊時，她感到了莫大的孤獨，這種孤獨成為了點燃潛意識中罪惡感的導火線，父親十幾年前出現的場景轉換為陣陣的咳嗽聲，重新出現在孫女士的記憶中。她一次次聽到他人無法聽到的咳嗽聲，其實是記憶中十幾年前父親在那個雨夜的咳嗽聲。

事實上，孫女士這種「我就是殺父兇手」的認知是錯誤的。她拒絕將房子借父親住，是她多年來忍受不公平待遇的憤怒情緒的發洩，她恨父親為什麼不疼愛她。而她無意識地對自己的過失進行放大，致使自己陷入了內疚的泥沼，其實父親的去世，與她並沒有直接關係。

·給予者與接受者需要動態平衡

在與人交往的過程中，你是否有過這樣的感覺：當接受了他人的饋贈或者是幫助時，就會覺得心中有愧，從而有所牽

心理能量十三：內疚—良心和道德上的自我譴責

掛，覺得對對方有所虧欠，從而總想找個機會去報答對方，以尋求心裡的平衡。

這是人與人交往時最基本的準則，當我們付出時，就會覺得自己擁有了權利；而當我們接受時，則覺得自己有了義務。權利和義務需要的不停地轉換，才能讓交往的雙方正常地相處，維持平等的關係。

顯然，小潔在與人交往中，違背了這一原則，她更樂於當一個給予者，屬於九型人格中的二號人格。通常，這類人所處的生長環境，使他們確信想要生存下去，就必須獲得他人的認可，有時他們甚至會改變自己，去迎合他人。這樣很容易導致他們對身邊的人，如朋友、伴侶等產生強烈的依賴感。

小潔知道怎樣去取悅他人，為了能夠尋求他人的認可，她已經形成了一套完善的雷達系統，能夠準確地體會到他人情緒和喜好，然後在第一時間提供他人所需要的東西。與小潔這樣的人交往，起初會覺得很幸福，因為自己時時刻刻被照顧，時間長了，就會感到自我價值流失，在他們面前，似乎自己是毫無用途的「廢物」，這種心理會導致自己想要脫離他們的「庇護」。

每個人在接受了他人的幫助後，只有透過自己的付出，才能緩解心中的內疚，而小潔無形中剝奪了別人的這種權利，她只願付出，不願接受，因為她不願意承受內疚心理，因此便把這種心理推給別人，這對他人而言，是十分不公平的。

往更深一層說，小潔並不是不想接受，當她付出了關愛時，她也希望能夠從對方那裡得到相同的關愛。例如，當小潔

在雨天裡把唯一的雨傘給了身邊的人，在她的內心裡，是渴望能夠依偎在對方的臂彎裡。既然是有所需求，小潔為何還要拒絕他人提出的幫助呢？原因就在於小潔的自我價值感很低，也就是有著深深的自卑感，她只能透過付出，來展現自己的價值。一旦接受，就會激發內心的低價值感。

·向過去告別

做錯事情後，當下表現出的內疚是正常的，能夠對我們起到一定的積極作用。但是當事情過去許久之後，自己仍然處在強烈的內疚感中，就應該及時開導自己，走出內疚的陰影。

對於那些讓自己感到內疚的事情，最好的辦法就是忘記，埋葬他們，並且永遠不要讓它們進入到自己的意識中，並影響自己的生活。生活總是向前走的，如果我們一直生活在過去發生的某個時刻中，就會加重內心的壓力，帶走應有的快樂，使我們無法享受到生活的樂趣。對於曾經的過錯，除非有台時光機能夠把我們帶回過去，否則不管我們再怎麼悲傷，也不可能使過去還原。與其這樣，為什麼還要為了不可能的事情，做出無謂的犧牲呢？

在心理治療中，心理師得知孫女士錯過了父親的葬禮時，對她進行了「儀式治療法」，即透過給父親掃墓，來揭開她多年積鬱的心結。孫女士最終在家人的陪伴下，來到了父親的墓前，看著墓碑上父親的儀容，孫女士再也控制不住內心的情感，把多年的委屈、憤怒以及對父親的愛全都傾訴了出來。

心理能量十三：內疚—良心和道德上的自我譴責

　　過去她一直深埋在心底的事情，終於在哭訴中被帶到了現實中，也終於變成了過去，不再時刻折磨著孫女士。當不知道用什麼辦法來緩解過去帶給我們的傷痕時，就可以像孫女士這樣，說出想說的話，做完想做的事，然後告訴自己：「都已經過去了，開始新的生活吧。」

．摔碎的精緻茶杯

　　一個學生去拜訪心理學教授，他是教授的得意門生，然而最近他正承受著內心的拷問。他的祖母去世了，祖母生前很疼愛他，而他卻一直在外求學，以至於祖母彌留之際一直喊著他的名字，他卻因為種種原因，而沒能在祖母在去世前見上一面。

　　這件事情幾乎讓他沒有勇氣再面對生活中的任何事，教授為了啟發他，從壁櫥中取出了一個精美的茶杯，然後往裡面倒滿了茶水，茶葉在茶杯中上下浮動的樣子，甚至好看。學生看得入神，教授解釋到，這是他去旅遊時，途中認識的一個朋友送給他的，他一直很珍惜。正說著，教授一個不小心把茶杯碰到了地上，隨著一聲清脆的破碎聲，茶杯摔成了碎片，學生禁不住發出了惋惜聲。

　　而教授卻指著茶杯淡淡地說：「看到這麼精緻而且富有意義的茶杯摔在地上，一定很惋惜吧，可是即便我們再怎麼惋惜，茶杯也不會恢復成原來的模樣。就像是我們生活中發生了不可挽回的事情一樣，我們能做到的，就是記住這破碎的茶杯。」

　　人的一生難免會做出錯誤的判斷，導致錯誤的產生，但是

既然發生了，我們就無法改變，唯一能做的就是接受它並適應它。對於已經存在的事實，及時進行自我調整，不能讓內疚伴隨我們一生，要允許自己帶著「症狀」去生活。

・掌握平衡之道，牢記五「知道」

　　一個和諧的關係，付出和接受之間必然是平衡的，一方給予物質和精神上的愛，另一方接受；然後另一方付出更多的物質和精神上的愛。這個循環一旦被打破，關係也將隨之土崩瓦解。

　　當你在與人交往的過程中，產生了內疚的感覺，那就是在提醒我們，應該補償給對方了。我們應該養成這種習慣，懂得覺察自己的內疚，然後及時做出補償。當對方感到內疚時，要給對方補償的機會，不要拒絕對方，讓對方完成他的補償。不要總做一個「好人」，如果你過於喜歡那種「問心無愧」的感覺，就是在讓別人總是「問心有愧」。如果你珍惜這段感情，就要讓你們之間維持付出和接受的動態平衡。

　　同時，要知道絕對的平衡是一種很理想的狀態。通常在生活中都會出現稍微的失衡狀態，但是輕微的失衡沒有關係，當嚴重失衡時，就會產生內疚，也就是該調整關係了。

　　同時，我親愛的朋友，請您牢記以下的五個「知道」：

　　一、要知道，那些成功的人，他們從來不會讓內疚影響自己的生活。例如姚明也會投籃失誤，如果他一直糾結在失誤的內疚中，那麼將無法繼續在球場上活躍。

心理能量十三：內疚—良心和道德上的自我譴責

二、要知道，你不是上帝，所以你不是萬能的，每個人都會犯錯，因此你不必為自己的失誤承擔全部責任。錯誤是由你造成的沒錯，但你並不是唯一的決定因素。

三、要知道，已經發生的結果是無法改變的，最有效的解決方法不是內疚，而是改正，改正自己的思想，改正自己的行為，避免錯誤再次發生。

四、要知道，你的世界裡你才是主角，因此對於無能為力的事情不要浪費寶貴的時間。

五、要知道，你的幸福影響著別人，當你為了某個過失而內疚不已，甚至傷害自己時，一定會有人為你痛心，或者受其負面影響。與其這樣，不如讓自己生活的更好，這也是對他人做出貢獻，也算是另一種自我救贖。

· 沒人知道古怪老頭離世

心理能量十四：孤獨 ——
將痛苦與幸福雙向隔絕的自我封閉

· 沒人知道古怪老頭離世

有一個古怪的老頭。他看起來有七十多歲，頭髮已經全白。他的雙人床上擺放著兩個枕頭，每天早晨起床後，他都會把兩個枕頭擺放整齊，儘管另一個一直很整齊。

然後他便慢慢走下樓梯，為自己準備早餐。他總是習慣性地準備兩個杯子，兩個碗，自己吃完後，再把多餘的杯子和碗收起來。接著他就開始打掃，把家裡的每一個角落都擦的乾乾淨淨，尤其是去世老伴的照片，他總要擦上很多遍。

當做完這一切後，他常常累地滿頭大汗，這個時候，他就打開上了層層鎖的大門，到門口的空地上晒太陽。看看天上的白雲，看看飛過的小鳥，一邊看一邊喃喃自語，那是他在對去世的老伴說話。有時候，鄰居會主動和他打招呼，而他卻總是愛理不理，有時候甚至覺得對方很煩，索性起身回到屋子，並重重地關上房門。

漸漸地，周圍的人都知道這裡住著一個古怪的老頭，他從來不與人講話。一天，所屬區域的養老院人員來到他的房子

151

前，希望他能夠搬到養老院去住，而他卻讓工作人員在外面等了兩個多小時，才表示自己不願意住到養老院去。

直到有一天，鄰居再也沒有看到老頭出門。第二天也是如此，第三天，第四天……屋子裡不時傳出難聞的氣味，敲門也不開，鄰居只好選擇報警。在二樓。員警看到了穿著整齊的老人躺在床上，他的旁邊放著去世老伴的照片，而他早已死去多時，屍體已經開始腐爛。

・社交軟體永遠隱身的女上班族

「站在車水馬龍的街頭，面對來來往往陌生的人群，我忽然覺得自己就像是茫茫大海中的一葉孤舟，沒有知己，沒有朋友，只有孤寂。每天一個人吃飯、睡覺、搭公車、上班、下班，看到其他同事三五成群，有說有笑，我心裡說不出的羨慕。我感覺自己被這個世界拋棄了，我的存在與否對他人而言，是無關緊要的。我多麼希望有一天，自己能夠擺脫這份孤寂，感受一下人生的快樂。……」

菲兒在日記本上寫下這樣一段話後，就蜷縮在沙發的角落裡，低聲地哭起來。為什麼這個城市中有這麼多人，卻沒有一個人願意走進自己的心裡呢？自從媽媽車禍去世，爸爸重新組建了家庭，「親人」這個概念對自己越來越模糊。兩年前，青梅竹馬的男朋友拋棄自己，選擇剛認識不久的紅粉知己，曾經最要好的玩伴，最親密的愛人，如今已經形同陌路。孤單的人那麼多，而自己偏偏就是其中一個。

有時候，菲兒看見同事們聚在一起說笑，她也很想參與其中，但是又怕大家不歡迎她，她只好坐在一旁，裝作漠不關心的樣子。有時鄰居看到她，會朝她友好的微笑，而她卻羞於做出回應，一邊轉身走掉，一邊痛恨自己的羞怯。每天下班回來，看著社交軟體上時而亮起，時而灰暗的頭像，她一個個的點開，再一個個的關掉，因為她實在不知道該與別人說些什麼。而自己的帳號長年隱身，說不定大家都已經不記得這一個人，也許已經把她拉入陌生人，甚至是黑名單。

什麼時候這種孤寂能夠終結呢？菲兒常常想，如果有一天自己在睡夢中死去，多久才會被人發現呢？也許自己會一直躺在那個屋子裡，千年之後才會被人發現吧。

· 人為什麼會孤獨

現代社會交通、通訊都十分發達，生活也越來越多采多姿，但是人們的內心卻越來越孤單。孤單，已經成為了現代人的通病。據心理學家估計，隨著社會的越來越富有，資訊的越來越發達，這種對孤獨感的體會將越來越深。

類似菲兒這樣的情況，身邊大多都是同事，沒有什麼知心朋友。巨大的生活壓力，和無處排解的孤獨感，讓許多上班族都忍受著孤獨的煎熬。網上流傳的短片《親愛的，你一直很孤單吧？》，採訪的是踏入社會不久的年輕人，一人一句「其實，我很孤單」，讓很多人看了潸然淚下，因為這道出了他們的心聲。

心理能量十四：孤獨—將痛苦與幸福雙向隔絕的自我封閉

　　這是孤獨心理產生的原因，社會的發展無形中造成了這樣兩個極端，父母在家孤單地生活，兒女在外孤單的打拚。

　　除此之外，孤獨感的產生還受到過去的創傷影響，即在過去的時光裡，曾經遭受過心理傷害，因此產生了消極的心境，進而變得自卑冷漠，過分敏感，不相信任何人，也不願意和任何人交往，最終形成孤單的性格。這點在老人和菲兒的身上得到了充分的體現。

　　老人一直和老伴相依為命，甚少得到兒女們的關懷，當老伴去世後，老人的心裡無法承受這個痛苦的事實，於此同時，他也不願意接受其他人的走進他的生活，因為他害怕那種失去的感覺，所以寧可讓自己孤獨終老，失去很多可能會得到的快樂，也不願意再次承受失去的痛苦。

　　菲兒也是如此，父親的冷漠、男友的拋棄，使她對人際交往過於敏感，她認為自己是不受歡迎的，雖然極度渴望有人能夠滋潤她孤單的心靈，但是內心深處還是排斥有人打破的她的孤獨，再次給她帶來傷害。這同時也反映出菲兒產生孤單心理的另一個原因，就是對自己的評價過低。

　　孤獨是一種正常的心理，但是當這種心理長期的積壓，並且得不到恰當的疏導或解脫時，就會發展成習慣，從而導致性情古怪，時常產生挫折感、暴躁感和心灰意冷的感覺。嚴重者還有可能厭世輕生。

　　沒有人喜歡孤獨的感覺，因為它總是帶給人各種消極的體驗，如沮喪、無助、憂鬱、煩躁、自卑、絕望等，同時也會給人的健康帶來很大的危害。身體健康，但是內心卻十分孤獨的

人，在十年之中的死亡人數，比那些身體健康而且合群的人高出一倍。

孤獨感的產生與自我評價偏低有關係。每個人都會對自己有所評價，這種評價隨外界環境和自身情況的變化而不斷地調整著。當一個人的自我評價過低，就容易產生自卑心理，從而過分關注別人對自己的評價，擔心自己的形象受損。在他人面前感到羞怯，經常壓抑自己的言行，不敢與人交往，這種閉鎖心理成為了社交中的主要障礙。更深一層探究他們的心理，事實上他們很自卑，因此不輕易對別人坦露內心，導致孤獨感的產生。

最後，孤獨還受到一個人價值觀的影響，例如：有的人認為人與人之間的交往參雜了太多的利益關係，為了追求道德上的完美，他們寧願孤獨，也要遠離那些趨炎附勢的人。

老人的孤獨是當今社會特別需要關注的現象。當老人的伴侶去世後，他們的身體和心理都會受到嚴重的影響，很容易產生孤獨感，這已經是社會上不容忽視的一個問題。

· 打開封死的心門

心理學家曾透過心理沙盤的遊戲對孤獨者進行治療，發現孤獨者用沙具擺放的作品值得回味。他先在沙盤中放了一間房子，房子大門緊鎖，門外還放了老虎、獅子等兇猛的動物。這說明這個人的內心是嚴防死守的，門外的獅子、老虎，是為了嚇跑那些可能會接近他的人。

心理能量十四：孤獨—將痛苦與幸福雙向隔絕的自我封閉

　　這是種不健康的、消極的孤獨心理，會給人帶來很多痛苦。經過心理學家的引導，孤獨者意識到，自己的孤單來自內心的封閉，是自己不願意讓人靠近，並不是別人不想靠近他。再一次做沙盤遊戲時，他打開了房子的大門，歡迎小貓、小狗等可愛的動物進入了自己的庭院，這表示著孤獨者漸漸打開了自己的心門。

　　想要擺脫孤獨的折磨，就必須要打開自己的心門，就像是一個人處在無人的山谷中，只有自己主動走出去，才能接觸到外面的人。人天生就是一種社會性的動物，單靠自己的力量是無法在社會上存活的，只有學會與人交往，主動與人交往，才能獲得豐富的感情，才能體會到生活中的種種樂趣。

　　電影《梅蘭芳》中，邱如白曾對孟小冬說：「誰毀了梅蘭芳的孤獨，誰就毀了梅蘭芳。」並最終透過使用毒計逼走了孟小冬，這個唯一一個能夠走進梅蘭芳心裡的女子。

　　梅蘭芳在認識孟小冬之前，已有妻室福芝芳，但是兩人的交流卻甚少。每當從落滿了喝彩和掌聲的舞台上下來時，梅蘭芳總是一個人在漆黑的小巷裡走著，他在享受喧鬧過後的孤獨。雖然在簇擁在梅蘭芳身邊的人很多，但是卻沒有人真正懂他，即便是一手將他塑造成神一樣人物的邱如白，也不能完全走進梅蘭芳的心中。

　　因此，梅蘭芳始終是孤獨的，也在這種孤獨中成就了自己的一生。

　　電影中的橋段多多少少有一些編纂的痕跡，但是梅蘭芳的孤單卻是真實的，古今中外，像梅蘭芳一樣，在孤單中完成自

己輝煌一生的人並不在少數。許多劃時代的發明，往往也是在孤獨中產生。

心理學家安東尼·斯托爾（Anthony Storr）認為：孤單並不是一件壞事，在孤單的時候，人的精神世界才不會被侵犯，才可以按照自己想要的節奏和方式去生活。同時，人在孤單的時候，也會反思自己，看到更真實的自己。

這種孤獨是正面的，是健康的，是在享受孤獨給自己帶來的愜意時，仍然積極地、樂觀地追求自己想要的生活，並且不會影響自己的人際關係。

· 五步走出孤獨

第一步：戰勝自卑心理

因為自卑，所以羞於與其他人交往，這是一種作繭自縛的行為。事實上，每個人內心都有孤獨和自卑的一面，你並沒有什麼不同，不必在與人交往時感到憂心忡忡。你只是過度在意自己而已，其實，沒有誰像你那麼在意你自己。

第二步：正確認識自己

通常，對自己評價過低的人，都不敢進行正常的社交活動，導致自己走進孤獨的牢籠，繼而對自己的評價更加低下，這是一種惡性循環。心理學家發現，一些孤獨者做出的行為，常常導致周圍人的厭煩，例如：他們不考慮他人的感受，只關注自己。如果孤獨者能夠認知到自己的缺陷，也知道自己的優勢所在，就不會盲目地看低自己，就能夠降低孤獨感。

第三步：積極幫助他人

積極地為周圍的人做出一些力所能及的事情，會得到他人的感謝，在感受助人為樂的快樂的同時，拉近你們之間的距離。

第四步：學習社交技巧

多看一些傳授社交技巧的圖書，學習如何與人交往，也可以透過個性格開朗的人交朋友，從他們身上學習如何與人相處。

第五步：樹立人生目標

一個沒有任何人生目標的人，在生活中很容易陷入迷茫的狀態，自怨自艾。相反一個有夢想有追求的人，是不害怕孤獨的。

心理能量十五：害羞 ——
其實你不是公眾人物

・愛臉紅的女孩

　　小蘭從小就十分害羞。上課時，不敢舉手發言，甚至因為害怕老師點到她的名字，不敢抬起頭來看老師。當不得不站起來回答問題時，她的臉一陣白一陣紅，甚至還會心跳加速，渾身顫慄。

　　長大後，害羞的毛病依舊沒有改善。因為害羞，到了適婚的年齡，她依舊沒有男朋友，最後在家人的安排下，她才硬著頭皮去相了幾次親。在工作中也是如此，她從來不敢在會議中發表言論，她怕自己的意見不被採納，也怕被同事說自己自不量力。有時，她穿上一件很漂亮的衣服上班，但是害怕太過引起他人的注意，走到半路又返回家中換掉。

　　同時，小蘭認為不管是父母，還是同學、同事，他們都不喜歡自己，父母從來沒有表揚過自己，對她總是那麼嚴厲，哪怕是一點小小的錯誤，也會受到批評。同學和同事很少有人願意和她說話，而且看她的眼光總是很奇怪，像面對著一個怪物一樣。

心理能量十五：害羞—其實你不是公眾人物

　　小蘭為此很苦惱，漸漸地，她開始恨自己，認為自己很沒用，既不出色，又不能惹人愛，這輩子沒有什麼前途了。

・男人好可怕

　　大約從四年前開始，佳佳就害怕接觸人，不管是家人還是陌生人，她都無法面對，尤其是異性，每當看到異性，她就恨不得找個地洞鑽進去。

　　小時候的佳佳雖然比較膽小，但是還能夠與人正常的相處，直到上高中的時候。她屬於班上學習成績好，但是卻沉默寡言的女生，在學校中幾乎沒有朋友。一次上生物課，老師拿了一個人體標本，為了方便講解，老師讓坐在第一排的佳佳上台幫自己拿著標本，那個標本是男性的，佳佳感到很難為情，但是又不敢提出異議，只好按照老師的指示做。

　　當佳佳萬分不自在地站在講台上時，她感到台下的男生都在對她竊竊私語，從那以後，男生們總是以咳嗽、故意說髒話等方式來公然排擠她。佳佳覺得上學的每一天都是煎熬，因此她總是小心翼翼地避開人群。這樣終於考上了大學，她不像其他大學生一樣，積極參加各種活動，雖然得到了老師的幫助，但是依舊不能走出高中時候留下的心理陰影，總覺得不管她做什麼都會引起周圍人議論。

　　現在馬上就要進入職場了，她不知道該怎麼辦，這樣的自己，能夠找到工作嗎？有公司願意聘用她？

·害羞是天生的嗎

害羞，是社交中常見的心理障礙。害羞的心理表現為在社交中十分靦腆，動作扭捏不自然，說話聲音很小等特點。嚴重的害羞，就是社交恐懼症，在社交過程中過度約束自己的言行，無法充分地表達出自己的感情，因此很容易造成誤解，導致無法正常社交。例如公開演講。認為公開演講很可怕，說明了人們普遍有羞怯心理。

泰姆巴杜教授曾用六年的時間裡對數以萬計的美國人進行調查，結果發現有百分之四十的美國人承認自己有羞怯的心理。這其中還包括一些經常出現在公眾視線中的人物，例如：前總統卡特（Jimmy Carter）和卡特夫人（Rosalynn Carter）、英國的查爾斯王子（Charles, Prince of Wales），還有一些電影明星和運動員。

小蘭的害羞與家庭教育有很大的關係，由於沒有得到父母正面的肯定，她的內在一直不夠強大，缺少自信，沒有體會到充足的愛，也沒有愛自己和別人的能力。

佳佳曾因為標本事件受到過刺激，但是這事件也絕非是偶然，還是跟她原本膽小的性格有關係的。即使不遇到這個事件，還會遇到其他的事件來引發她的羞怯。

德克薩斯大學的阿諾德·巴斯透過研究表明，人的害羞心理分為先天害羞和後天害羞，並且先天害羞和後天害羞之間還存在著一定的區別。

先天害羞是受遺傳影響的生理現象，研究表明同卵生子的

心理能量十五：害羞—其實你不是公眾人物

害羞程度比異卵生子更接近。原因。成年人中大約有百分之四十的人生來就性格內向，氣質屬於憂鬱類型，說話低聲低語，見到陌生人就臉紅，舉手投足間總是瞻前顧後。有些有生理缺陷的人，也容易導致害羞心理。

後天害羞心理的形成則是在一個人的成長階段形成的，家長教育不當或者是生活環境的影響，都容易對他的心理造成影響。佳佳之所以會拿著男性身體標本就而感到害羞，並且從此留下了陰影，很可能就是父母曾向她灌輸過與男性交往的「羞恥感道德意識」，使她的性格中形成了較強的羞恥心，再加上青春期本身的敏感性，導致了她在人際交往的羞怯心理。

少年在進去青春期後，自我意識逐漸成熟，對別人對自己的評價十分敏感，因此他們對自己行為言行都十分注意，避免出醜，希望能夠給他人留下好印象。這樣的心理使他們擔心自己遭到他人的非議，感覺全世界都在注視著自己，尤其是當身體有一些生理變化時，更讓他們感到窘迫，產生強烈的自卑感。從此，便羞於與人接觸，羞於在公開場合講話。

羞怯心理最初來源於內心的自卑，因為對自己各方面的條件持有否定的態度，所以在社交中沒有信心，患得患失的心理很嚴重。即使偶爾參加一些社交活動，也會表現出不良的情緒反應，如：內心恐慌，心跳加速、呼吸急促、身體顫抖等。

如果這樣的心理沒有引起本人的注意，害羞就會發展成為更為嚴重的社交恐懼症。尤其是對那些曾經有過社交挫折經歷的人而言，更容易產生這種恐懼心理。例如小蘭，她對自己的否定，才使她無法與人正常地相處。

除了自卑之外，還有敏感也是造成羞怯心理的原因，及一個人對自己言行的後果，以及他人對自己的評價過分在意，對他人的態度和評價十分敏感，甚至把這些當作判別自己的唯一標準。因此，他們總覺得自己的一言一行無時無刻不被人注意。同時對於他人的眼神表情，一言一行等也十分注意，一旦有些不對勁，就認為他人正在談論自己、嘲笑自己。表面上，他們是在乎他人的評價，而事實上是他們最在意的是自己。

還有極易受到消極情緒的影響，也是造成羞怯心理的一個方面。這類人容易被別人的思想、言行、情緒等消極暗示影響，從而產生羞怯心理。佳佳認為男生們以咳嗽、故意說髒話等方式公然排擠她，就是因為她太容易受其他人行為的影響，並且給自己消極的暗示，導致自己羞於出現在大家面前，無法正常與人交往。

由此可見，害羞表面上害怕當眾表現，缺乏臨場發揮的經驗，而實際上則是害怕自己的形象受到威脅和損害的消極心理。

· 社交恐懼症：過度的害羞

每個人都或多或少都存在害羞的心理，適度的害羞並不會對我們的生活造成影響，但是過度的害羞，就會成為社交恐懼症。因為害羞，案例中的小蘭和佳佳的社交功能已經嚴重退化，影響了工作和學習，可以判定，她們已經患有社交恐懼症。

社交恐懼症又稱社交焦慮障礙，西方國家資料調查，患有社交焦慮障礙的人終身患病率為百分之十到百分之十五，在

心理能量十五：害羞—其實你不是公眾人物

華人患有社交焦慮障礙的人群也在逐步上升。儘管發病率如此高，但是卻很難引起人們的重視，常常把這種症狀歸結為害羞或者是性格內向，患者的家人、朋友，甚至是醫生，都認為這是一般性的問題。

而事實上，社交焦慮障礙嚴重到一定程度時，會造成人的社交功能殘疾等問題。這種焦慮情緒通常源自於青春期，因為在人際交往中受到了某種挫折，造成自己在今後的社交、教育和職業發展中受到嚴重影響。

因為恐懼與人交往，回避社交，從而失去了許多學習和鍛鍊自己的機會，人際關係也會隨之下降。據統計，女性患者要比男性患者數量多，單身人士、教育程度低、社會身分低微的人更容易換社交恐懼症。

社交恐懼症的症狀主要表現為：

‧害怕受到他人的關注或是評論；

‧認為他人不會覺察到自己表情不自然和窘迫；

‧認為別人對自己的評價是一定是否定的或者是輕視的；

‧回避或是痛苦地忍受令自己害怕的場合；

‧當感到害怕時，會有臉紅、手抖、噁心甚至尿頻等生理狀況。

令社交恐懼症患者感到恐懼的典型社交情境有：被人介紹給他人、與上級或者是異性見面、約會、接電話、接待來訪者、在被人關注的情況下寫字或是吃東西、在公開場合講話、在商店試穿衣服及殺價等。

· 沒人會像你自己那樣關注你

心理學家曾做過這樣一個實驗：把十個人分成男女兩組，要求他們各自穿上泳裝進行智力測試。測試過後，發現女組的成績遠遠落後於男組。接著，又讓兩組人員分別穿上日常的服裝，進行智力測試，這一次，男女平手。

由此可見，影響比賽成績的並不是智商，而在於心理。女性在穿上比基尼之後，注意力大部分集中在了自己的外形上，有的擔心比基尼太過暴露，有的則對自己身材不夠自信，她們時刻關注著自己的身體，生怕會給人留下笑柄，這大大影響了她們智力的發揮。

總認為「大家都在看我」，這是羞怯心理的主要展現，因此害羞的人無時無刻不再注意著自己的言行。而事實上，你並不是名人，也沒有什麼特殊，大家不會只把目光集中在你的身上，並且將你看的仔仔細細。就算是不小心做錯了，或者是說錯了，還有補救的機會，並不會給他人留下多麼惡劣的印象。

· 瘋狂英語李陽的「反害羞」修練

說到瘋狂英語，大家立刻就會想到它的創始人李陽。小時候的李陽並不像這樣「瘋狂」，他的性格甚至不能說開朗，相反他害羞、內向、不敢見陌生人、不敢進電影院，甚至有一次在理療的過程中被燙傷了臉，他都不敢聲張。這樣一個膽小的孩子，被他父母認為將來一定沒什麼出息。

心理能量十五：害羞—其實你不是公眾人物

上了大學後，李陽一直想要克服自己羞怯心理，從前他不敢朗讀英語，怕自己讀不好被嘲笑，於是他決定從英語入手。他每天清晨都到一塊空地大聲地朗讀英語，因為認為沒有人能聽到，他能夠放聲地讀出來了。一段時間過後，李陽參加學校的英語活動，許多學生都稱讚他的英語進步很大。這對李陽而言是意外的收穫，於是他更加大膽地讀起英語來。

每天早晨他都頂著凜冽的寒風，扯著嗓子朗讀英語的句子。一年的時間裡，他讀了大量的英語讀物，口語能力和聽力都有了很大的提升。

英語上的成功，大大提高了李陽的自信。但是他知道這遠遠不夠，於是他又做出了一個瘋狂的舉動。他讓同學們四處宣傳他有關於學習英語的特別體會，想要分享給大家。這一消息散播出去後，立刻引起了轟動。離演講的日子越來越近了，李陽卻開始緊張起來，他後悔自己作出的決定。為了讓自己能夠有勇氣走上講台，他在自己的耳朵上帶了兩個大大的耳環，然後讓同學押著自己走到街上。

李陽的行為引來了同學們的圍觀，他感到自己的臉就要燒起來了，他想立刻拿下耳環，然後逃離現場，但無奈被同學押著，他只能硬著頭皮前進。既然不能躲避，就只有面對，在做了短暫的沈默之後，李陽昂起頭來，然後看向每一個正在注視他的人，直到對方收回目光。這一次，李陽又戰勝了自己。

從這以後，李陽開始了瘋狂地推廣「瘋狂英語」，不管在什麼樣的場合，有多少人在場，他都不會再怯場，渾身都散發著自信的力量。

登台演講是克服羞怯很好的辦法，但對於膽怯的人而言，上台演講就像是受刑一樣讓他難受。其實，人類天生就有一種應付環境的能力，不逼自己一把根本不知道自己有多優秀。因此，不要太「寵愛」自己，儘量去做那些讓自己難受、不舒服的事情，然後漸漸習慣，慢慢地就能克服羞怯了。

· 就是害羞怎麼辦

一、培養自信

害羞的人通常都很自卑，只看到自己的缺點和短處，而看不到自己的優點。因此。要培養出自信，越是讓自己害怕的場合，越是要鼓起勇氣向前走一步。第一次邁出一小步，第二次邁出一大步，漸漸培養出自信。

二、自我暗示

當自己感到緊張、羞怯的時候，可以透過自我暗示讓自己冷靜下來，鼓勵自己說出第一句話，用自我暗示來突破內心恐懼的阻力。

三、加強鍛鍊

害羞的人喜歡躲在家中，長期下來神經系統就變得比較脆弱，經常鍛鍊身體，一方面可以增強體質，另一方面過度的神經反映能夠得到緩和，可以一定程度上減輕害羞。

例如：將雙腳平穩地站立，然後輕輕地把腳跟提起，堅持

心理能量十五：害羞—其實你不是公眾人物

幾秒後放下，每次反覆做三十下，每天這樣做二三次，可以消除心神不寧的感覺。

四、說出不安

如果感到羞怯，就大膽地說出來，訴說可以在一定程度上使心理舒服一些。再加上來自他人的安撫和幫助，能夠在一定程度上增強自己的信心和勇氣。

五、尋找安全感

當參加一些聚會時，手中握著一些東西，能夠感到踏實和有安全感，比如一本書、一包紙巾等。

六、專心看別人

害羞的人通常不敢專注地看他人，但如果總是回避別人的視線，會顯得十分幼稚。事實上，你和對方的地位是平等的，拿出勇氣，大膽而專注地看著對方。

七、豐富自己

經常讀一些書籍、報紙、雜誌等，以此來開闊自己的視野，豐富自己的閱歷，當累積到一定程度時，就會發現自己在社交場合中能夠很自在地發言了。

八、有意暴露自己

害羞的人總喜歡坐在角落裡，最好不要被別人注意到，無形中失去了讓別人認識自己的機會。因此，在一些活動中，儘量坐在明顯的地方，讓所有人都注意到自己。這種「曝光」，

也許剛開始不太舒服，但是，堅持下來，你就會慢慢敢於成為主角。

九、大聲說話

聲音大，並且有條理的講話，很吸引人的注意力，不要在講話時含糊不清，並且把聲音壓得很低。大聲地說話不但可以讓人聽清楚自己的話，還能夠讓自己產生一種自我實現感。

十、把話說完

害羞的人在說話時，如果被他人打斷，就會感到害羞，事實上他人插話，是因為對你的話題感興趣，是再鼓勵你繼續說下去。

心理能量十五：害羞—其實你不是公眾人物

心理能量十六：敏感 ——
為小事抓狂也為小事開心

· 驚心膽戰的每個夜晚

　　「當……當……當」牆上的鐘指向了十一點，我關掉了電腦，到廁所洗漱後，就躺在了床上。關上燈的那一剎那，忽然聽到很細微一聲「嗒」，像是有什麼東西不小心掉在地上了，又像是一個人腳落在地上的聲音。想到這裡，我忽然渾身一震，豎起耳朵，集中精神聽著屋子裡的一切聲音，然而，一切都歸於平靜了。

　　我這才放心躺在床上，強迫自己趕快進入睡眠，但越是這樣，越是難以入睡，腦海裡開始回憶：有沒有把門反鎖？有沒有鎖好窗戶？瓦斯關了嗎？所有的電源都斷了嗎？正在聚精會神地想著，忽然又聽到細細碎碎的聲音，就像是有人在翻東西。進賊了嗎？要不要出去看看？看看吧，要不這樣更害怕，經過一陣內心掙扎。我輕手輕腳的站起來，從枕頭下面拿出早已準備好的扳手，輕輕地走到客廳門口，側著耳朵聽，然後猛地打開燈，什麼人也沒有。但我還是不放心地每個房間都巡視了一遍，發現籠子裡的小倉鼠已經醒了，剛才的聲音應該是牠

心理能量十六：敏感—為小事抓狂也為小事開心

發出來的，然後又檢查了門窗、瓦斯等，一切都妥當後，再次躺在了床上。

這幾乎是每天晚上我都必須經歷的過程，否則我就無法繼續睡覺。儘管我一再告訴自己這只是自己嚇自己，可仍是無法控制自己的行為。每當這時，我都會想到剛畢業時，自己在租的房子內，忘記鎖門，半夜賊偷偷進來，然後被我打開燈嚇跑的情景。那一次沒有任何損失，但是依舊嚇得我渾身酸軟無力，甚至無法下床走路。雖然現在住在三樓，賊幾乎不可能爬上來，但只要聽到一點動靜，我就會立刻緊張起來。不管是客廳中小倉鼠在籠子裡發出的聲音，還是冰箱啟動時的聲音，甚至是別人家關窗的聲音，都會讓我以為是賊進來了，然後在極度驚恐中睡著。

搬到這個屋子兩個月了，幾乎每天晚上都是這樣，天一亮我便覺得沒有什麼可怕，一到晚上就不由自主地有些神經過敏，無法安然入睡，導致我每天都頂著黑眼圈去上班，一整天都無精打采。

敘述者　宋女士

·你成功了，我們離婚吧

結婚幾年來，我和妻子的關係一直很融洽，這幾年雖然忙於事業，但是我從未忽略過她。但讓我想不通的是，她竟向我提出離婚，原因竟然是她認為我是一個事業成功的男士，而她是一個普通的國中教師，我們之間相差太懸殊。

可我從來沒有這樣想過，在很多人眼中，妻子樣貌並不出眾，也不會打扮自己，有時候甚至有些不夠時尚，但我從來沒有嫌棄過她，經常帶她出席一些公司的酒會，給她買衣服也從來不計較價錢。她參加了一兩次，就不願意再參加了，在酒會上，她總是很拘謹，我想是因為她對自己的身材不夠滿意吧。事實上，對已經生過小孩的女人來說，妻子的身材已經讓很多女人都羨慕了。

上個月，她到公司找我，因為是第一次去，祕書不知道她是我太太，得知她沒有預約後，就照例讓她在會客室等著。沒想到當我趕到會客室時，妻子已經離開了。從那以後，妻子對我的態度就冷淡了許多，時不時提起我們不配，而我和祕書很配的話題。我和祕書雖然在工作上很融洽，可是我從來沒有過非分之想，她這樣說，讓我很無奈。

我知道妻子出生在一個重男輕女的家庭中，因為是女孩，一直都有些自卑，所以她努力讓自己各方面都很優秀。我沒想到自己的事業成功，竟然觸動了妻子那顆敏感的心靈，使她想透過離婚來維護自己的自尊。

敘述者 莫先生

· 一顆敏感的心是如何形成的

敏感，是指對外界事物反映很快。敏感的人過度在意細節帶來的感受和變動，並且容易將之擴大，然後做出相應的反應。這也就造成了他們經常為一些小事而煩惱，也會為了一件

心理能量十六：敏感—為小事抓狂也為小事開心

小事而莫名其妙地開心。

敏感心理對人而言有正面效應，也有負面效應。一方面敏感的人心思較為細膩縝密，具有較強的洞察力；另一方面因為敏感會變得比較多疑。

宋女士和莫太太都屬於過度敏感。不同的是，宋女士是對環境的敏感，而莫太太對人際關係敏感。

宋女士是對夜晚敏感，因為事出有因，曾經在夜晚上受到過驚嚇，因此，才會對夜晚發出的聲音產生驚恐和懷疑。

從莫先生的敘述中，可以看出他的妻子屬於人際關係敏感的人。美國發展心理學家霍華德·加德納（Howard Earl Gardner）認為：人際敏感型的人是既以自我為中心又是自卑的人。這種人總是希望成為周圍人心目中的焦點和強者，希望得到周圍每個人的稱讚。

人際敏感的人在與人交往的過程中，通常表現為：謹慎小心、患得患失、多疑，認為人心難測，所以將自己內心封閉起來。當莫先生事業有成後，他的妻子就感覺自己的「地位」受到了「威脅」，各方面自己都處於劣勢，於是她的自卑引發了敏感，敏感又加強了自卑。

莫先生身邊的祕書是他妻子的威脅，因為祕書年輕美貌，當她對妻子表現的不夠尊敬時，就使妻子那顆敏感的心，受到了傷害。妻子認為祕書就是自己的潛在情敵，認為祕書與丈夫更配，所以才會對祕書的行為反應過激。

造成一個人敏感心理產生的原因有兩個方面：

一是自我感覺欠佳，由此產生極強的自衛意識，頭腦中永

遠都是嚴陣以待的陣勢，因此對外界的一切改變都極為敏感，聽不進他人的勸告，有時還會認為他人的勸告是虛情假意。莫先生的妻子對祕書的態度如此過敏，是因為自己感覺自卑，由此一直處於防禦狀態，對別人的態度才會如此敏感；

　　二是內心不切實際的期望，希望他人能夠完全接受自己，贊同自己的建議，但他人往往也有自己的想法，因此造成失望和不滿，認為他人是故意和自己作對，引起敏感心理。

　　心理敏感的人比較缺少主觀能動性，在心理上表現為孤獨、猜忌、不安、憂鬱等情緒，導致人格缺失。

　　心理敏感的人容易造成自我傷害，當他們的弱點被其他人知道後，就會感到不知所措，陷入自我責備的痛苦中，或者有人無意中說到了自己的痛處，就會懷恨在心，伺機報復。這樣很容易造成各種心理危機的產生，對生理和心理造成傷害。

· 敏感是個中性詞

　　敏感是一個很中性的詞語，不能單方面地評定它的好壞，關鍵在於怎樣把握敏感度和針對什麼而敏感。例如像員警、設計師、作家等這樣的職業，敏感是他們必不可少的職業需要，員警需要敏感來發現犯罪現場留下的蛛絲馬跡；設計師則需要敏感來捕捉創作的靈感；作家需要敏感來發現生活中可以加以利用的寫作素材……類似需要敏感心理的工作有很多。敏感在這裡，就可以起到積極的作用。

　　但如果把敏感用在了人際交往中，或者是對周圍事物的患

心理能量十六：敏感—為小事抓狂也為小事開心

得患失上，則會產生相反的效果。這個時候就需要立刻糾正敏感心理，維持心理的平衡狀態。這要求我們首先要樹立堅強的信念，經常參加娛樂活動，增加與人交往的次數。如果有必要，也可以服用一些調整自主神經功能的藥物。

‧ 老王的第一百個舞伴

老王是個音感很差的人，唱歌經常走音，有時一句都不在音準上，這樣的他偏偏喜歡跳舞。

每天下班，老王都會走到廣場上，看著人們在廣場中央翩翩起舞。終於有一天，老王決定要加入到他們的隊伍中。在這之前，老王也猶豫過，自己一點基礎都沒有，就這樣進去跳，一定會成為他人的笑柄。但如果不這樣，就永遠無法學會跳舞。老王想到了自己考研究所時的情景，連續考了三次都沒考上，周圍的人都勸他放棄，他卻認為反正都失敗了那麼多次了，也不在乎再失敗一次兩次了。結果第五次他果然考上了，並順利畢業了。

考研究所那麼難的事情他都能做到，跳舞也一定行。有了過去的經歷做支撐，老王充滿信心的加入了跳舞的人群中，他先主動邀請了一位女士做舞伴，結果一支舞還沒跳完，他就把人家的白鞋子，踩成了灰色。第二支舞，那個女伴說什麼也不肯和老王搭檔了，老王只好再換一個，第二個也是同樣的結局。

別人一場舞只有一個舞伴，而老王要換好幾個，這其中他也沒少挨罵，也不停跟被踩的舞伴道歉。就這樣，老王換到第

一百個舞伴時，他的舞技已經爐火純青了。

　　老王的精神，就是成功不可缺少的因素 —— 鈍感力。「鈍感」是相對敏感而言，由於生活節奏的加快，現代人過於敏感往往就容易受到傷害，而鈍感雖給人以遲鈍、木訥的負面印象，卻能讓人在任何時候都不會煩惱，不會氣餒，鈍感力恰似一種不讓自己受傷的力量。在各自世界裡取得成功的人士，其內心深處一定隱藏著一種絕妙的鈍感力。很大程度上，對失敗的鈍感，也可以理解為百折不撓的精神。

　　這裡還有一個真實的案例，當某個學校全班同學因為食用過期的事物而導致集體腹瀉時，只有一個學生沒有反應，原因就在於他從小家境不好，經常吃腐敗的食品，所以身體已經產生了抗體。

　　這個事例並不是讓人去食用腐敗的食品來提高自己的抵抗力，而是告訴人們可以培養自己對挫折的鈍感，當你不再害怕失敗和嘲笑，也就不會因為一點小事而敏感了。

　　挫折和痛苦鈍感，確實是我們在這個社會立足與發展的才能。

・緩解敏感的三個專業方法

一、認知療法

　　所謂的認知療法，是在心理專家的指導和幫助下，消除自身存在的不合理想法，從而消除敏感心理的症狀。有一些情

心理能量十六：敏感—為小事抓狂也為小事開心

況比較嚴重的人，則需要更多的耐心和支援。最終達到內心成長，收回投射到他人身上的敵意，消除人際敏感的效果。

就莫先生妻子的案例而言，心理專家要提出幾個關鍵性的問題來幫助她找到自身的根源所在，然後對情況進行多次的分析與探討，直到她能夠慢慢地分析自己的感受和認識，承認有些感受是自己主觀造成的，而不是和丈夫真正地不配。

二、鬆弛訓練

鬆弛訓練法是透過有意識地控制自身的心理活動，降低啟動水準，改善機體紊亂功能的心理輔導方法。是主要透過肌肉的放鬆，達到精神的放鬆的目的，緩解產生的敏感的情緒。通常，其方法是緊縮肌肉，深呼吸，釋放現在的思想，注意自己的心跳次數等，幫助當事人經歷和感受緊張狀態和鬆弛狀態，並比較其間的差異。這需要十分冷靜的頭腦，是使自己敏感的神經逐漸放鬆的方法。

三、系統脫敏法

這種方法是幫助心理敏感的人脫離、消除敏感，具體的操作過程就是：當某人對某種事物、人和環境產生過分敏感的反應時，心理專家就可以在當事人身上發展起一種不相容的反應，使對本來可引起敏感反應的事物或人等，不再產生敏感反應。

例如，一個人對壁虎十分敏感，一看到壁虎就渾身不舒服，甚至會感到極度恐懼，表現出驚叫、心跳加速、面色蒼白等狀況。對這種過敏反應，可在其信賴的人陪同下，在邊從事

愉快的事情同時，從無關的話題到關於壁虎的話題，從圖片到玩具寵物、從電視的形聲到真實的壁虎，從遠到近，逐漸接近壁虎，鼓勵當事人去看、去接觸，多次反覆，直至當事人不再對壁虎過敏。

　　脫敏法通常和鬆弛訓練法結合在一起使用，這樣可以得到不錯的效果，具體做法如下：先進行全身鬆弛訓練，放鬆身體各部位；建立焦慮刺激強度等級層次，想像從最惡劣的情境到最輕微焦慮的情境；焦慮刺激想像與鬆弛訓練活動相配合，讓自己作肌肉放鬆，然後想像從焦慮刺激的最輕微等級開始逐步提高，直到最高也不出現焦慮反應為止。若在某一級出現了焦慮緊張，就應退回到較輕的一級，重新進行或暫停。如此反覆，直到完全脫離敏感心理。

心理能量十六：敏感—為小事抓狂也為小事開心

心理能量十七：自負 ——
極度偏執的自我認識

・我是全公司最優秀的人

　　林某大學畢業後，進了一家私人的小企業工作，公司規模不大，只有十幾個人。在他們當中，林某的學歷是最高的，因此老闆對他寄予厚望，同事們對他也很友好，而他卻總是一副傲慢的模樣。

　　他經常這樣對朋友說：「我們公司總共十五個人，除了我和另外一個女同事，其餘的都跟草包一樣，反應遲鈍也就算了，知識還特別淺薄，想和他們談一談書籍、電影之類的，他們居然都沒看過，看得都是一些沒有營養價值的八點檔電視劇。他們聚在一起不是談論穿衣吃飯，就是日常瑣事。有一個同事最讓我受不了，經常拿英語單字問大家是什麼意思，簡直是把無知當可愛。那個女同事雖然能力很強，但是也好不到哪去，為人高傲，對誰都是一副愛理不理的樣子。而且一看就是一個虛榮的人，上周她居然買了一部 iphone，我比她薪水還高一千塊呢，我都沒捨得買，嘖嘖，這樣的女人不是居家過日子的人。還有我們那個老闆，就他那智商，我都不知道他是怎麼把公司

開起來的，要不是看他給的我薪水多，我一天都不想給這種人工作。」

　　然而，就在林某自我感覺良好的同時，他發現同事們對他的態度冷淡了許多。再一次見到朋友時，他變得滿腹怨氣。

　　「我們公司那群人，真是不知好歹，我這人太直率，有什麼說什麼，我指出他們做得不好的地方，他們非但不感謝我的指點，還在背地裡議論我。早知道這樣，我就不管他們了，讓他們永遠這樣墮落下去，早晚有一天他們會後悔。」

·漂亮，就是我驕傲的資本

　　蘭蘭是一名高中生，長相甜美，亭亭玉立，又能歌善舞，是學校裡公認的校花。也許是因為被人捧慣了，她常常看不起身邊的其他女生，她認為她們穿衣服太土了，不像自己穿著鮮豔、時尚。男生也不怎麼樣，就知道對她獻殷勤。她總是插手別人的事情，她認為即便是班長也應該聽她的指揮，班上所有學生都應該聽從她的支配。但是別人對她提出意見，她卻不願意聽。有同學說她太驕傲了，她卻說：「我有驕傲的資本，就是我長得漂亮。」

·自負的根源

　　自負，就是自己過高的評價自己，自己認為自己很有本事。人的自我意識由自我認知、自我意志和自我情感三個方面

組成，一個人評價自己，要靠自我認知，但他過高地評價自己，就表現為自負；當他過低地評價自己，就表現為自卑。

　　自負又叫「自大」。自負者一般說來顯得「自我」，將自我的觀念設為唯一正確，將自己的優點設為標準的唯一。自負往往透過語言、行動等方式表現出來。俗話說：人貴有自知之明，自負實質是無知的表現，主要表現為盲從和狂妄。一個人想要做到「不卑不亢」，則需要心靈的成長。

　　林某的對於同事的種種厭惡反應，實際上顯現了他自己不能接納自己的地方。每個人都是自己的一面鏡子，鏡子中照出來的，其實都是自己。一個能接納自己的人，無論看到什麼人，都能接納，因為他對自己足夠寬容。

　　在林某的心裡，別人身上都是缺點，自己身上則都是優點。這就是自負者身上十分明顯的一個特徵。

　　林某在公司中遭遇同事的冷淡對待，就是他的自負心理造成的後果，因為他總是自以為是。自負自傲，自認為自己是最棒的，什麼都懂，什麼都會，這樣往往給人留下不知天高地厚、自命不凡、輕浮的印象。

　　同時，有自負心理的人同時也有很強的自尊心，林某總是把自己凌駕於別人之上，並把自己的觀點強加於他人身上。就算明知自己錯誤，也不願意成承認，依舊堅持自己的態度，做事情常以自己為中心，很少關心別人，但卻要求別人能為他服務。

　　當他人取得了成就時，或者是擁有了自己想要的事物時，就會表現出嫉妒心理。如果別人遭遇了失敗，則會表現地幸災

心理能量十七：自負─極度偏執的自我認識

樂禍，絕不會伸出援助之手。林某對女同事的評價，完全是「吃不到葡萄就說葡萄酸」的心理，藉此來尋求心理平衡。

有一個心理學效應是，看一個人炫耀什麼，就說明他最缺什麼。蘭蘭一直炫耀自己的漂亮和能力，實際上在她的內心中，她最缺乏的就是對漂亮和能力的自信。她不斷地打擊身邊的同學，試圖維護自己的「尚方寶劍」，可以想像，如果她這把尚方寶劍一旦折了，她這個人就失去了維繫自尊和自信的資本，她的生活非常缺少彈性，她堅守著自己對自己的認知，但是又被這個認知所制約。因此，她是最怕失去美貌的人，因為，一旦失去了美貌，她就失去了自我價值的支撐點。為了維護她這個支撐點，她需要不斷地強化，甚至以干涉和打擊別人的方式。

自負是自卑的另一個極端的自我評價，自卑者常為自己不具備某種特長而痛苦，而自負者則總是為別人沒有達到自己的標準而痛苦。自卑和自負都是一種不接納，不接納真實的自己，過於強調自我的片面性，沒有看到整體和全域。

自負心理的根源通常在幼年時期，一方面是家庭環境，父母關係不和諧的家庭，很容易影響到孩子，使孩子產生對抗情緒，對他人不信任，不願意與他人接觸，從而誇大自身存在價值，產生自負心理。令一方面是由於家庭教育方式不當，導致自負心理的產生。對於青少年兒童來說，他們的自我評價首先取決於周圍的人對他們的看法，家庭則是他們自我評價的第一參考。溺愛型教育方式，教育出來的孩子往往容易自視甚高，過分驕傲自大，常常不把別人放在眼裡，產生自負心理。父母

過分寵愛、誇讚、表揚，都使他們覺得自己相當了不起。

第二種根源是從小沒有受過什麼挫折的人，很容易產生自負心理。一個人的認知來自於經驗，生活中遭受過許多挫折和打擊的人，則很難產生自負心理。尤其現在的青少年，大多都是獨生子女，被父母家人捧在手心裡長大，如果他們本身又很優秀，就會自信過度，變為自負、自滿的個性。

第三種根源是缺乏人際交往的經驗。通常，自負的人沒有要好的朋友，因為小時候缺乏玩耍的夥伴，使他們在透過相互交往認識真正自己的環節中存在缺陷，導致他們眼中只有自己，不把他人放在眼中。漸漸形成自負的心理，長大後這樣的心理使他們更難交到朋友。

還有一種情況是因為自尊心過強，與人交往的過程中，受到了重挫，感到很受傷，為了保護自尊心，於是產生兩種既相反又相通的自我保護心理，一種是自卑心理，透過自我隔絕，避免自尊心的進一步受損；另一種就是自負心理，透過誇大自己，掩飾內心的自卑感。

· 從「自我」走向「他人」

因為自負者總是高估自己，導致無法認知到自己真正的實力，經常選擇一些力不從心的任務，結果以失敗告終，他們便沮喪、固執己見，或把失敗的責任推向客觀的原因。自卑和自負看似是兩個極端，但是卻離得極近。當自負者遭遇挫折的次數多了，自負心理就會變成自卑心理。

心理能量十七：自負—極度偏執的自我認識

　　如果想要從這種狀態中走出來，就要改變自身的心理結構，真正接納自己和他人。首先要看到他人的優點，並承認他人比自己優越的地方；然後想辦法以他人更容易接受的方式，讓他人接受自己身上的優點。

　　這需要自負者解除自我中心的觀念，著名心理學家皮亞傑（Jean Piaget）指出二到七歲的幼兒屬於前運算時期，這時期幼兒的思維有一個特徵是：自我中心。這個年齡階段的兒童往往只注意主觀的觀點，不能向客觀事物集中，只考慮自己的觀點，無法接受別人的觀點，也不能將自己的觀點與別人的觀點協調。自負者的自我中心實際上退化到了幼兒期，一個迷戀於搖籃的人，是無法適應成人世界的。因此，解除自我為中心的觀念，就必須要瞭解自己身上出現的兒童般的行為。

　　將自己現在的行為和幼年時期的行為做對比，就很容易看出，自己身上是否存在兒童般的行為。現在的你是否渴望得到他人的關注和讚美，一旦無法得到，就會採取偏激的行為？幼年時期的你希望得到父母的關注和讚美，如果父母忽略了自己，就會以耍賴、哭鬧等方式引起父母的注意；現在的你是否總是喜歡指使別人，把自己當作是領導者？幼年時期的你在家中要什麼有什麼，是家裡唯我獨尊的小皇帝；現在的你是否在別人比你厲害時，感到十分失落和嫉妒？幼年時期的你是否對於別人擁有，自己沒有的玩具，總想要占為己有；現在的你是否對別人擁有而自己沒有的事物感到嫉妒？當現在的行為和幼年時期的行為基本重合時，就說明幼年時期的認知和行為模式一直延續到現在。

· 到底誰是大爺

在俊男美女多如雲的演藝圈，葛優並不是長相最出色的，但是他在觀眾的心中卻占有不可取代的地位。憑藉的就是他精湛的演技和為人謙遜的態度。

葛優飾演了一個又一個難忘的螢幕角色，成為了炙手可熱的喜劇明星，面對如此輝煌的成績和榮譽，葛優依舊保持著謙遜的本色，並沒有因此而沾沾自喜。一次，葛優出席首映會，一位記者採訪他：「好多女性看中了你的幽默和瀟灑，才覺得你是夠格的男子漢。現在很多女性都親切地叫你『葛大爺』。」

葛優聽罷，立刻擺著手說：「不敢當，不敢當，千萬別這樣稱呼我，讓我折壽。雖然我頭上是禿了點，但也算是個瀟灑青年。對我而言，觀眾就是上帝，我不能把輩分弄顛倒了。要是「上帝」能夠認可我的表演，經常看我的電影，我就叫他們「大爺」……其實，我並不認為自己是什麼「明星」，明星晚上亮，白天就看不見了。「

葛優的回答幽默中不失謙遜。汪國真曾說：「一個人沒有個性，便失去了自己。生活之中，適當地改變自己的個性不是為了趕『時髦』，而是為了自我的完善，正好在這一點上，有一些人常常本末倒置。」

生活中太多人以自我為中心，毫不隱晦的彰顯個性。有個性當然是好事，但太過個性就會顯得鋒芒畢露，後果則是要麼自慚形穢，要麼就遭人反駁。一位哲人說：「自誇是明智者所避免的，卻是愚蠢者所追求的。真正的明智者之所以不會自吹自

搔，因為他知道宇宙廣大、學海無涯、技藝無窮，終其一生，也不能洞悉其中的全部奧祕。」

因此，不要把自己想得太了不起，謙遜做人，才能使我們的心理達到平衡的狀態，才能得到健康的心靈！特別要注意，謙遜並不是妄自菲薄，貶低自己，而是在承認自己能力的基礎上，不自誇、不自大的表現。

・尋求走出自負的方法

一、接受他人的批評

自負的人大多以自我為中心，凡事都以自己為主，只要滿足了自己的願望就可以，不會在乎他人的感受，並要求他人必須聽自己的，自己卻又不願意做出任何犧牲。這是自負者致命的弱點，就是不願意改變自己的態度或接受別人的觀點，因此，接受他人的批評是解決這個問題最好的途徑。

但值得注意是，接受他人的批評並不是要你完全聽從於他人的擺布，要有選擇性地接受對自己有用的資訊，改變自己固執己見、以自我為中心的習慣。

二、建立平等觀念

每一個人都是平等的，不要看不起他人，也不要妄自貶低自己，無論在觀念上還是行動上都不要無理地要求別人服從自己，把自己當作一個普通社會一員，與他人平等交往。

富蘭克林（Benjamin Franklin）的父親十分縱容他，從來不

對他的言行進行指責，這造成了年輕時期的富蘭克林十分驕傲自大，言行不可一世，無論做任何事情，都是一副咄咄逼人的態度。

後來。富蘭克林父親的一位老友認為富蘭克林不能再這樣下去了，於是找機會對富蘭克林說：「富蘭克林，你想想看，你那不肯尊重他人意見，自以為是的行為，結果如何呢？人家受了你幾次這種難堪後，誰也不願意再聽你那一味好自矜誇的言論了。你的朋友們將一一遠避於你，免得受了一肚子冤枉氣，這樣你將再也不能從別人那裡獲得半點學識。何況你現在所知道的事情，老實說，還很有限，根本不管用。」富蘭克林原本聽不進任何人的意見，但是聽到最後，他感到了這位長輩的真誠，被深深地感動了。終於意識到自己過去的錯誤，決定痛改前非。

此後，不管遇到什麼事情，他都用研究的態度，時時刻刻約束自己的言行，唯恐傷害了他人的尊嚴。最終，他從一個被人鄙視、拒絕交往的自負者，變成了人人都歡迎，備受愛戴的人。

狂妄自大只會讓身邊的人對我們敬而遠之，就像躲避瘟疫一樣遠離我們，老朋友會離開我們，也無法交到新朋友，這樣的人生是多麼孤單和可悲。為了避免這種悲劇的發生，從現在起轉變自己為人處世的方式吧。

三、全面客觀認識自我

全面就是要看到自己的優點和缺點，客觀就是站在公平公

正的角度上對自己進行評價。不可只看優點，這樣必定會有所偏差。最好是將自己放在社會中進行考察，既能發現自己的獨特之處，又能看到他人的獨特，然後虛心地向他人學習，幫助自己成長。

例如，將自己置身於人群中，參加一些活動，觀察一下自己會處在什麼位置？靠前排的顯眼處呢，還是後排不為人注意的角落呢？在人際交往中你會選擇什麼樣的人做你的朋友？是志趣相投，還是性格互補？從中可以分析一下自己的個性特徵，並把結論記錄下來。

四、發展的眼光看自己

俗話說：好漢不提當年勇，自負者總是沉浸在已得到的輝煌中。而一個人的過去不代表現在，現在也不能代表將來。因此，要以發展的眼光看自己，過去的已經過去，不管再如何輝煌，都將會被遺忘。努力使現在的自己變得更好，去迎接將來的輝煌才是正確的選擇。

心理學家建議可以透過畫圈圈的方式，來判斷自己對過去、現在和未來的態度。首先在紙上畫三個圓圈分別代表自己的過去、現在和未來。然後觀察這些圓圈是否連貫？這些圓圈是否圓滿？如果圓圈是連貫的，則表明你對自己的看法是完整的；而哪個圓最大，則表明你對哪個圓所代表的時期最傾注了自己的感情。比如過去的那個圓最大，說明你對過去很是懷念，渴望能回到過去的美好時光；若未來的那個圓最大，則暗示你對未來寄予了很深的期冀，希望明天會更好。

心理能量十八：虛榮 ——
為尋求他人認可而深陷自設牢籠

・打腫臉充胖子的「富二代」

我生活在單親家庭，母親一個人養我長大，所以生活很窘迫。高中畢業後我收拾了行李到其他城市工作。

到了大城市後我才知道什麼叫生活，儘管我沒那麼多錢去娛樂，但是看著別人燈紅酒綠的生活，也是一種享受。漸漸地，我認識一些朋友，他們都是富二代，就算他們不上班，也能開名車，穿名牌，每天出入夜店。於是我經常跟著他們一起混吃混喝混玩。時間長了，我感覺他們有些瞧不起我，因為我從來沒有主動付過帳，不是我不想付，實在是囊中羞澀。

與他們在一起時，他們總是有意無意地排擠我，含沙射影地說一些挖苦我的話。我不想在他們面前丟臉，也不想失去僅認識的幾個朋友。於是便說我父親在經營一家大公司，我伯父是政府高層，他們為了教育我，所以才不給我錢。我這樣一說，他們的態度立刻一百八十度大轉彎，對我的態度殷勤了許多，說話也客氣了，還時常介紹一些美女給我認識。

我心裡明白他們這麼對我是為了巴結我，希望能和我攀上

心理能量十八：虛榮—為尋求他人認可而深陷自設牢籠

關係，將來能帶給他們好處。但是我這個身分是假的，整天害怕被他們拆穿，為了證明自己所說的話，我向同事借錢買來了名牌的衣服，偶爾也會出手闊綽一下。現在我已經負債累累，邊賺錢邊還錢，還了錢再借錢來「打腫臉充胖子」。

　　講述人 何偉

・我一定要比你更幸福

　　葉子所屬的部門，是公司中女人最多的部門，幾乎沒有男人。女人平時談論的話題離不開家庭和購物，今天她買了一件名牌衣服，後天她帶來了老公親手做的便當，漸漸的，相互之間就開始相互較勁，相互比較，總怕別人比過自己。

　　原本並不虛榮的葉子，也漸漸被這種氣氛所感染。只要有同事穿了名牌的衣服或是戴了新的首飾到公司，她心裡就像堵了石頭，十分不愉快。於是她逼著丈夫在結婚紀念日或是她的生日裡，要寄鮮花到她的公司，並且要附上甜蜜的留言，為的就是得到同事們羨慕的眼光。

　　一天，一個女同事開著一輛新車來了公司，連忙拉她去看，還一邊介紹車的功能多好，花了多少錢，最後還不管她願不願意，打開車門一定讓她上去坐一坐，感受一下。那一整天葉子心思都被那輛車占滿了，她一定要買一輛車。回到家後，葉子就迫不及待地把要買車的想法說給老公聽，但是老公卻不贊成買車。原因是家離公司很近，如果騎車也就是十幾分鐘，如果開車則需要二十多分鐘，因為路上經常塞車。

老公的理由並沒有說服葉子，她把家中的存款都拿了出來，然後還向親戚借了一部分錢，終於湊齊了買車的錢。車到手的第一件事，葉子就是開到了公司給同事們看，在同事們羨慕的眼光中，葉子感到了巨大的滿足。

・人為何會為「名牌」所累

每個人都希望能夠得到他人的認可，這是一種無可厚非的正常心理。但是有的人在獲得他人的認可後，並不會感到滿足，他們總是渴望繼續獲得更多的認可，於是便掉進了為尋求他人認可而活的虛榮牢籠裡無法自拔。他們不再是自己的主人，而成為了他人的奴隸。

案例一中的青年，為了得到他人的肯定，為了面子不惜撒謊，直到讓自己陷入了兩難的境界。這就是虛榮心的可怕之處，一旦獲得了他人的認可，會感到幸福、快樂，當這種短暫的幸福快樂過去之後，又會再次為了得到他人的認可，進行再一輪的謊言，偽裝自己，最後自己陷入圓謊的痛苦裡。

葉子也是如此，在她愛慕虛榮的心理驅使下，為了得到他人的認可，「外人」的任何行為和言論都會影響到她。別人買了什麼，擁有了什麼，她也必須擁有。虛榮心使虛榮的人選擇了讓他人去給予自己尊嚴或留給自己面子，只有得到他人的讚揚時，自己才會感覺到良好。這樣，就把主宰自己的權利拱手給了外人。

可見，物質生活中的虛榮心行為就是一種比較行為，信奉

的宗旨就是「你有我也有，你沒有我也要有」，只為了得到周圍人的讚賞和羨慕。虛榮心表現的具體是自誇炫耀，吹牛、隱匿欺騙等手段，來過分在他人面前展現自己。

這種心理極其有害，事事都被他人的行為影響，將無法體會到自己人生的樂趣，因此，這樣的人生會充滿痛苦和挫折。

虛榮心就是以不適應的虛假方式來保護自己自尊心的一種心理狀態。虛榮心是自尊心的過分表現，是為了取得榮譽和引起普遍關注而表現出來的一種不正常的社會情感。而這種榮譽，只是對自身的外表、學識、作用、財產或成就表現出的妄自尊大，並不是真正意義上的榮譽。

人們之所以這樣迷戀榮譽，是因為榮譽能夠為人帶來名聲，名聲為人帶來友好、尊敬和種種優厚的待遇，還有機遇等。卻忽略了當榮譽過於沉重，人就很難負擔得起。

巴爾扎克（Honoré de Balzac）曾說：「榮譽是死者的太陽。」這無疑是對懷著虛榮的心理追求榮譽的人，最好的警告。

・不為「名牌」所累

愛慕虛榮的人一般都像葉子一樣追求「名牌」，因為「名牌」在一定程度上代表了「我是那個層次的人」。這種態度代表了追求名牌人的共同心理，適當的這種標定無可厚非，但是很多商家就是抓住了消費者的這種心態來賺錢。因此，「假名牌」的事件才會發生。

對於上流社會的人而言，要透過名牌炫耀自己的社會地位

和成功，滿足自己的虛榮心，但是，如果價格降低，顯現上流階層的界限就變得模糊，因此，這就是很多上流社會的人不能接受小品牌東西的原因。配上這種東西，我的身分何在？用電影的台詞來表達就是：不求最好，但求最貴！

對於一般百姓來說，追求名牌的心理也是為了儘量展現自己是個體面的人。社會上有些人以外在的條件來評價和判斷一個人的價值，傾向於根據穿什麼品牌的衣服，開什麼品牌的車以及在哪裡買房子等消費方式來評斷人的等級。

受到這種趨勢的影響，人們開始越來越注重自己的外表。為了克服在激烈的競爭中落伍而產生的疏遠感和自卑感，人們不是審視自己的內心，而是想透過華麗的外包裝來掩蓋內心的脆弱，用名牌裝扮自己以掩飾內心的空虛。

與其強調自己身著多少名牌，不如根據自己自身的風格，去挑選使用更具有自身個性的物品，這樣個性的你才是最具有魅力的。

・艾利森：名校師生全部是失敗者

艾利森（Lawrence Joseph Ellison）是全球第二大軟體公司Oracle 的董事長，在美國耶魯大學三百年校慶的當天，他在耶魯大學的校長、教師、校友、畢業生的面前，說道：「所有哈佛大學、耶魯大學等名校的學生，都認為自己是成功者，而在我看來，你們全部是失敗者。因為你們以自己在比爾蓋茲（Bill Gates）讀過的大學為榮，比爾蓋茲卻並不以在哈佛讀過書為

心理能量十八：虛榮—為尋求他人認可而深陷自設牢籠

榮。」

艾利森的一番言論，引起了現場的騷動，這些學生們是第一次聽到別人這樣評價自己。要知道自己所在的大學，幾乎是所有人的夢想，是令人敬畏的最高殿堂。艾利森太狂妄了，竟然把驕傲的名校師生稱為「失敗者」。

艾利森並沒有理會台下的騷亂，他接著說：「很多優秀的人才並不以自己曾經在哈佛、耶魯這樣的名校讀過而自豪，而且常常毫不猶豫地丟掉這份榮譽。比爾蓋茲從哈佛退學，成為了世界首富；世界第二富保爾‧艾倫根本沒有上過大學；世界第四富，也就是我，被耶魯大學開除；世界第八富戴爾（Michael Dell），他只上過一年的大學；微軟的總裁史蒂芬‧巴爾默（Steve Anthony Ballmer）排在了財富榜十名以後，他曾和比爾蓋茲是同學。他們的差別在哪裡呢？差別就在於他讀了一年的研究生後，才選擇了退學。」

打擊完台下的師生，艾利森轉而開始安慰他們：「不過大家也不要太難過，你們還是有機會的，經過了這麼多年的學習，你們還贏得了為我們這些人工作的機會，不是嗎？」

艾利森的話確實很狂妄，也很偏激，但是仔細想來，仍有一些道理。大部分人，尤其是得到過一些殊榮的人，自身都有一種榮耀感，有的為自己出身顯赫而榮耀，有的為自己名校畢業而榮耀。

那麼榮耀究竟是什麼呢？

泰戈爾說：「榮譽是生命之流的泡沫。」可見榮譽只是一種形式，屬於標而非本，是外在的體現，並沒有實質的內容。當

榮譽如風一般擴散，更多的榮耀蜂擁而至時，就已經遠遠地超過了它的實際價值。

榮譽能使人感到愉悅，但是卻不能使人充實。人們只能擁有榮譽的所有權，卻沒有占有權，任何人都可以拿走，也可以授予別人。沒有永遠被承認的榮譽，因此不要再過度的追求榮譽。

適當的榮耀感是正當的，但是如果過分迷戀這種榮耀感，只會讓自己變得狹隘，人生的境界無法得到提升，事業的發展也會有所局限。

· 克服虛榮心的認知和方法

虛榮心的產生與人的需要有關。心理學家馬斯洛（Abraham Harold Maslow）認為：人類的需要分生理需要、安全需要、歸屬和愛的需要、尊重的需要和自我實現的需要。其中尊重的需要包括對成就、力量、權威、名譽、地位、聲望等方面。一個人的需要應當與自己的現實情況相符合，否則只能透過不適當的手段來獲得滿足，在條件不具備的情況下，為了達到自尊心的滿足就產生了虛榮心。因此，虛榮心是一種歪曲了的自尊心。

克服虛榮心，我們需要正確把握以下幾種心態。

一、把握自尊和自重

自尊和自重，是說做人最起碼要誠實、正直，不能為了一時的心理滿足，就不惜一切代價來換取。社會上出現的娛樂圈

的「潛規則」，正是因為有些女孩太想成功了，不惜拿自己的身體去交換，將自己「物化」，這種現象值得深思。 只有把握住自尊與自重，才不至於在外界的干擾下失去人格。

二、強求的榮譽會使自己扭曲

榮譽和地位，是每一個人正常的心理需要，對於自己已獲得的榮譽和地位，要珍惜和愛護。但是這種追求必須與個人的社會角色相一致，否則寧可不要，也不能強求。強求得來，非但不能顯示自己，也會使自己的人格扭曲。

三、寬容自己的虛榮心

很多人都有虛榮心，也不要把虛榮心看得多麼不堪。正是因為虛榮心，才能促使人不斷去努力，使自己變的越來越強大，使自己的生活越來越好。因此，適當的虛榮心對我們改善自身還是有一定的積極作用的。

四、分清楚「內因」和「外因」的區別

內因是起作用的根本原因，外因則是條件。自尊心和周圍的輿論密切相關。因此，別人的議論，他人的優越條件，這些外因很容易激發我們的虛榮心，以獲得自尊的滿足。但是，外界的影響不應該是影響自己進步的主要原因，一個人，只有內在產生成長和進步的需求時，才能不輕易受外界的影響，才能不被虛榮心所驅使。

五、使用「痛苦療法」來約束自己

如果意識到自己已經有嚴重的虛榮的傾向，可以採用「痛

苦療法」進行自我糾正，每當出現虛榮的心理時，給自己一些懲罰，例如：用橡皮筋彈自己的手腕，以此來干預虛榮心理。

心理能量十八：虛榮—為尋求他人認可而深陷自設牢籠

心理能量十九：嫉妒 ——
嫉妒與「不會嫉妒」同樣心存創傷

· 我只能被人嫉妒

　　陳曉婷走進了一家心理諮商中心。坐下後，便滔滔不絕地訴說起自己的煩惱來，她的煩惱竟然是因為自己遭太多人的嫉妒。這讓心理諮商師很不解，通常來諮商的人，都是因為自己不能擺脫嫉妒別人的心理。而眼前這位美女，她的煩惱竟來自他人的嫉妒。

　　於是心理諮商師問道：「你認為別人嫉妒你的依據是什麼？」

　　陳曉婷聽後，回答說：「原因很多。首先無論是外貌還是身材，我都比身邊的人好很多，經常有富商開著跑車接我下班，儘管都被我拒絕了，但這足以讓我身邊的那群女人嫉妒了。除了女人嫉妒我，男人也嫉妒我，就是因為我的工作能力比他們強，我從來不加班都比他們工作做得好，拿的薪水多，作為女人我比他們能幹，這讓他們無法忍受。所以我在公司中處處受到刁難，這太讓我煩惱了。」在陳曉婷的敘述中，她無處不透露出自己的驕傲和他人嫉妒帶給她的滿足感。

心理能量十九：嫉妒—嫉妒與「不會嫉妒」同樣心存創傷

聽完後，心理諮商師感覺她並不像是來做諮商的，更像是來炫耀自己的。當醫生問道她是否嫉妒過別人時，陳曉婷猶豫了一下，說：「當然沒有，我從小到大都很優秀，老師和父母都說我比別人聰明。怎麼可能嫉妒別人，一直以來只有別人嫉妒我，我從來沒有嫉妒過別人。」說完這些話，諮商的時間也差不多了，她便離開了，看上去沒有什麼收穫的樣子。

當心理諮商師認為陳曉婷不會再出現時，沒想到過幾天後，陳曉婷又出現在心理諮商室。這一次，她看起來稍顯憔悴，精神有一些萎靡，但是穿著打扮依然講究。看到心理諮商師打量她的眼神，她笑了笑說：「這幾天連夜趕一個專案，沒有休息好。」「你不是說你從來不加班嗎？」心理諮商師問道。

「那是在公司裡不加班。如果我真的不加班，怎麼可能比別人強。」陳曉婷回答。原來陳曉婷的成果是透過偷偷的努力得來的，而她這樣做的目的就是為了在公司中，顯示出她能幹的一面。所以她寧可回家熬夜，也不願意再公司加班。心理諮商師找到了陳曉婷煩惱的根源，她的煩惱並不是真正來自於別人的嫉妒，而是來自她「需要」別人的嫉妒。

果然，在心理諮商師的引導下，陳曉婷說出了積壓在自己心裡多年的祕密。陳曉婷從小就是一個聰明的孩子，學習成績優異，弟弟與她相差甚遠。但是自己得到的愛從來不比弟弟多，不管做什麼事情，父母都向著弟弟，就算是弟弟做錯了，挨罵的那個人也是陳曉婷。這讓她十分不服氣，為什麼自己這麼優秀，卻得不到父母的寵愛呢？於是，她拚命地學習，凡事都做得恰到好處，只為了得到周圍人的誇獎和父母的讚許。

上學時候如此，上班後也是如此，似乎只有在他人嫉妒的目光中，她才能得到滿足感。原來，在陳曉婷的心裡，她一直有一個嫉妒的人，那個人就是自己的弟弟。弟弟大學沒有考上，賴在家裡吃閒飯，自己則是公司中的高層，每月都給家裡錢，她提供爸媽出國旅遊的機會，可是，似乎只有這種時候，爸媽才會高興，才會愛自己，而弟弟，無論他如何失敗，如何不爭氣，爸媽依然無怨無悔地愛著他。而弟弟比自己優越的原因是什麼呢 —— 只是因為他的性別！他是可以為家裡傳宗接代的人！而這是她無論如何優秀都無法超越的。

陳曉婷知道真相後，就再也沒有來過心理諮商室，因為她的心結解開了，從此，她需要將自己的人生目標調整，因為她一直以來為之奮鬥的目標實際上是一場虛幻的泡沫，是永遠也得不到勝利成果的幻想。

· 不會嫉妒還是沒有能力嫉妒

李彤是整個公司中最受歡迎的人，不管是男同事，還是女同事。在女同事眼中，她沒有女人的那些小肚雞腸；在男人眼中，她不像其他女人那樣整天說長道短。更重要的是，她說出來的話，總是能讓人聽了很開心。

例如：一個女同事穿著新買的裙子走進辦公室，一些沒有能力買，或者穿上不及她好看的人就會說：「這條裙子和你的上衣不配。」或者是「你買貴了，我在 XX 街看到，價格不到你買的一半。」這些話中，真情實意的成分總是抵不過濃濃的嫉妒

味。換作李彤她就不會這樣說，她會用十分欣賞的眼光看著對方，然後由衷地說：「很漂亮，很適合你的氣質，花了很多錢買的吧。」這樣的話，不管是誰聽來，都會滿心歡喜。

女人們都希望自己能夠成為李彤，總是那麼淡定地面對生活，不用被嫉妒之火焚燒。一次，一個女同事忍不住問李彤：「李彤，為什麼你一點都不嫉妒比你好的人呢？」這一個問題讓李彤思量了很久，自己是不會嫉妒呢？還是不敢嫉妒呢？

想起小時候，當看見爸爸給了妹妹一塊糖，她也伸手要，爸爸卻說沒有了，她一邊哭鬧，一邊用力地推倒了妹妹。爸爸對她的行為很生氣，罵了她，罵的內容她想不起來了，但是她清楚地記得爸爸那時候的眼神，厭惡，甚至鄙夷，那種眼神讓她害怕，讓她悔不當初，自己不應該嫉妒妹妹的，妹妹比自己小，理應讓著她的。

這種信念深深植入到了她的腦海裡，長大後，每當看到別人比自己好，比自己擁有的東西多時，她總是告訴自己，自己本來就不配擁有那些東西，所以也就沒有嫉妒之心了。

・嫉妒心理如發燒感冒一般常見

嫉妒，是指人與人之間為競爭一定的權益，對相應的幸運者或潛在的幸運者懷有的一種冷漠、貶低、排斥、甚至是敵視的心理狀態。

歌德（Johann Wolfgang (von) Goethe）說：「在人類一切情欲中，嫉妒之情恐怕要算作最頑強、最持久的了……，嫉妒心是

不知道休息的。」確實，有人的地方就少不了嫉妒。男人之間嫉妒彼此的智力優勢；女人之間嫉妒彼此的身材美貌；官場上嫉妒他人的青雲直上；百姓之間嫉妒他人的富裕生活；同事之間嫉妒他人的倍受青睞……的確，嫉妒令人很難克服。但是，從來不嫉妒別人，就一定是思想高尚嗎？這個人就一定是修練到了去留無意，寵辱不驚的狀態嗎 —— 未必。

陳曉婷看似在工作中處處優越，從來只有別人嫉妒她，她從來不會嫉妒別人。可是深挖下去，才知道她看似受嫉妒之苦，實則享受這種嫉妒，而這種心理，來自於更深層對弟弟的嫉妒，她只有拚命努力獲取高位，才能維繫內心的平衡。可這卻是一場打不贏的仗。

李彤的「不會嫉妒」，實則是「不能嫉妒」、「不配嫉妒」，這是壓抑了本性後給自己找的「高尚理由」。這顯然不比「嫉妒」好到哪裡去，至少嫉妒的人還在自由地表達自己，而李彤，連真正表達自己的能力都喪失了。

實際上，一個家庭中出現了弟弟或者是妹妹時，第一個孩子就會擔心父母對自己的愛會被分割，嫉妒的情緒也就油然而生。此時，作為家長應該理解孩子的這種情緒，並且在日常生活中注意不要無原則地偏袒一方（常見的就是偏袒小的孩子），否則就會給另外孩子的心理造成創傷。兩個案例中的人物「不會嫉妒別人」，都是與童年的創傷相關。

陳曉婷從父母那裡看到了弟弟擁有無條件的愛，而自己只有在「優秀」時，才能得到父母的愛，這種從童年就開始形成的認知一直影響到成年之後，於是，對於弟弟的嫉妒化為了「自

心理能量十九：嫉妒—嫉妒與「不會嫉妒」同樣心存創傷

己優秀，讓更多的人嫉妒」。她為了讓自己更加優秀，處心積慮，殫精竭慮。

李彤在兒時出現對妹妹的嫉妒心理也是很正常的，可是父親在她出現嫉妒心理時，沒能給予正確的疏導，而是強硬的壓制，導致她長大成人後，儘管心智成熟了，但是兒時留下的心理創傷卻沒有煙消雲散。

反觀我們自己，實際生活中或工作中，嫉妒心理也如發燒感冒一般常見。當看見自己無法做到事情，別人做到了，自己想要的東西，被其他人擁有了，自然就會產生嫉妒的情緒，這種情緒控制在正常的範圍內，就不至於給他人造成困擾。

但如果一味的沉浸在嫉妒的情緒中，就無法體會到生活的樂趣。陳曉婷和李彤，一個遭人嫉妒，一個不會嫉妒，她們真的沒有嫉妒心理嗎？當然不是，只是她們把自己對他人的嫉妒壓制住了，被掩埋的很深。

陳曉婷雖然為被別人嫉妒而煩惱，而實際上她想招人嫉妒的力量遠超過她想躲開嫉妒的力量，所以，她才把自己弄成了被人嫉妒中傷的活靶子！而她之所以這樣享受被人嫉妒，是因為在內心深處嫉妒自己的弟弟，嫉妒弟弟可以得到父母無條件的愛，這是她內在尋求嫉妒的潛意識驅力。她在現實世界裡因為被嫉妒所受到的傷害，是作為她內心世界享受的代價。

嫉妒本身就體現了自卑，但至少還有一種積極和進取的意義，認為自己有資格去對比、計較和爭奪，只是因為運氣差才受到不公平。李彤的自卑顯然更深一個層次，她不嫉妒是因為她認定自己不配追求和擁有，更不配計較。於是把嫉妒一再擠

壓，當正常的情緒得不到疏解，心理就會出現問題。只是李彤找到了緩解的方法，即在家人、朋友、同事面前，充當一個心胸寬廣的人，透過大家對她的一致好評來緩解壓制嫉妒帶來的心理不適。

嫉妒他人是因為以自我為中心，這裡還能體現出一個「我」字，而像兩個案例中的主角的不嫉妒則完全失去了自我，沒有自我價值的存在感，是太過看輕自我的行為。

當然，這個世界上也存在真正不嫉妒的人，只是少之又少，只有思想達到一定的高度，內心溫暖而強大，在遇到不公平時，能夠超越嫉妒，淡泊名利。

· 多子女家庭關於愛的教育

前面兩個案例的主角都出自多子女家庭，她們所受到的不當教育，一直影響至今。使她們無法正確的瞭解自己和愛自己。因此可以說：教育無小事。

多女子家庭往往會遇到這種情況：家裡有了第二個孩子後，對小孩子的關注大大超越了第一個孩子，大孩子會覺得父母的注意力不在自己身上了，不再像以前一樣愛自己了，對自己很忽略，由於受到了忽視，讓大孩子的心理處於緊張而敏感的狀態，同時也會對剝奪愛的「對手」——自己的弟妹產生敵對情緒。這種情緒的背後都深藏著一個渴望，那就是需要被愛。這種需要沒有得到滿足，孩子的性格就發生了扭曲，形成了嫉妒。

父母的行為和教養方式，家庭的情感氛圍影響著孩子的性

格形成。如果像李彤的父母一樣，凡事不分青紅皂白先訓斥大孩子一頓，凡事都要讓大孩子做出忍讓，而忘記了不論多大的孩子同樣需要父母的愛和理解。如果得不到家人的關愛，孩子就會處於悲傷、無奈、緊張、害怕的心理狀態，整日生活在一種提心吊膽、痛苦無奈的壓抑情緒中。壓抑情緒遇到不開心的事情就很容易變成攻擊行為。由於攻擊行為的出現，又會造成孩子和朋友之間的緊張，人際關係不和諧，孤獨、不合群，這又繼而使自卑和焦慮心理加重，最後形成了一個惡性循環。由此來說，給孩子充足的愛和安全感是避免孩子產生嫉妒之火的一個重要條件。

・嫉妒上門，如何接待

一、不還擊

嫉妒心理的本身就是多疑、愛猜忌，因此對待嫉妒最好的辦法就是不還擊，否則會換來對方的變本加厲。最好的辦法就是將有嫉妒心理的人當作是普通人來看待，見怪不怪其怪自敗，也就是所謂的無為而治。

二、大智若愚

在得到掌聲和鮮花的恭維時，不要表現地太過得意，反而應該謙虛謹慎，內斂一些，這不僅是一種單純的策略，防備他人嫉妒，也是調整自己心理的辦法。

三、用愛感化

以硬治硬是最頭腦簡單的做法，往往都是兩敗俱傷的結局，而化剛為柔，才是真正的高招，用真誠的愛心，去感化嫉妒者的嫉妒心理，無聲無息中就把恩怨化解了。

這種忍讓是有原則的，用有原則的忍讓來抑制他人無原則的鬥爭。這是化解嫉妒最好的辦法，也是根治雙向嫉妒和多向嫉妒的關鍵方法。

四、善於溝通

嫉妒的產生有時候是因為誤會，這時候就要及時地進行溝通交流，否則誤會就會越積越深，最後嚴重干擾和破壞人際關係。需要注意的是，在溝通交流時，要注意自己的語氣，也要做好需要多次才能說服對方的心理準備。

五、鼓勵對方

嫉妒者通常都是因為自身處於劣勢，有自卑心理，才對比自己強的人產生嫉妒心理，別看他們表面氣勢洶洶，但是內心卻很空虛，而且跟悲觀。因此要學會鼓勵嫉妒者，客觀地分析他的優點，扭轉他對自己的消極態度，增強他的信心。如果能夠為嫉妒者提供一些實質性的幫助，則能夠產生更好的效果。

心理能量十九：嫉妒—嫉妒與「不會嫉妒」同樣心存創傷

心理能量二十：怨恨 ——
當愛的渴求與失落無法平復

· 付出一切皆成空

　　在他人的眼中，我有一個幸福的家庭，可是我一點也不快樂，因為我的內心被仇恨填滿。

　　我恨孫琪，她是我的同事。有一段時間我們經常一起搭檔工作，漸漸的關係就有點曖昧，她很主動，即便知道了我有家庭，也毫不掩飾對我的好感。

　　孫琪比我妻子看起來年輕漂亮，我自然禁不住她的誘惑，便和她發生了關係。事後我覺得很對不起妻子，但是又無法抑制自己愛上孫琪的心理。為了把孫琪留在身邊，我不斷在她身上花錢。每次她都表示不願意花我的錢，但是每次都會接受。一次，她說哥哥做生意失敗，被人追債，在我面前哭得很可憐，於是我背著妻子把家裡的存款都給了她。我想給了她這筆錢，她一定會死心塌地和我在一起。於是，我便決定和妻子離婚和她結婚。結果沒想到她在這個時候提出分手，然後便辭職不見了蹤影，我給她打電話，她總是匆匆說幾句就掛掉。

　　本來，我還以為她是因為不想破壞我的家庭，直到有一天

我在百貨公司看見她和另外一個男人親密地摟在一起。剎那間，我覺得渾身的血液都凝固了，恨不得立刻衝上去揍她一頓。但是妻子在我身邊，我不想讓她覺察到，只好裝作若無其事的樣子走開。

因為心裡憋著氣，從那天起，我就覺得心中有一團怒火在燃燒，腦海中不斷出現她被我暴打，直至打死的場面。但我知道自己不能這樣做，為解心頭之恨，我不斷地發簡訊騷擾她，有時候說一些難聽的話，有時候故意挑逗她。為此，我還專門辦了一張查不到姓名的電話卡，恐嚇她。後來又和她說我拍了她的裸照，讓她用錢來贖。

看著她被折磨得痛苦不堪的樣子，我卻感覺不到一點快樂。我也想過就此算了，可一想到她對我的欺騙，我就無法控制自己繼續報復她的心理。

敘述者　丁先生

‧優等生變殺人犯

鄭浩父母在他很小的時候，就相繼外出工作，鄭浩一直由年邁的奶奶撫養。每年只能見到父母一次，一次僅有幾天的時間，父母在鄭浩的腦海中，只是一個身分的象徵。

從小到大，鄭浩都是十分懂事聽話的孩子，在學校一直名列前茅，是老師、同學眼中的優等生。直到鄭浩上國中後遇上盛晨，盛晨的父親經營一家 KTV，既有錢又有勢。盛晨看不起穿著寒酸的鄭浩，經常無故找鄭浩茬、欺負他。有一次，盛

晨把鄭浩推倒在地上，然後雙腳站在鄭浩的背上，踩來踩去，全然不顧下面的鄭浩痛得大叫，還把班上其他男生叫來，並讓他們一人踩一腳，否則有他們好看。其他同學懼怕盛晨家的勢力，於是全部照辦。

從那以後，班上所有人都看不起鄭浩了，因為他被人踩在腳下，都不知道反抗。但鄭浩雖然當時沒有反抗，在心裡卻埋下了仇恨的種子。他把對盛晨的恨意都寫在了日記裡，心想如果有機會，一定不會放過盛晨。

沒想到這一天很快就來了，在放學的路上，盛晨又故意找荏欺負鄭浩，這一次鄭浩立刻奮起反抗，與盛晨扭打在一起，體格弱小的鄭浩完全不是盛晨的對手，情急之下，他拿起地上的一塊石頭，狠狠地朝盛晨的頭部砸去，一下、兩下……他也記不清自己砸了記下，只記得盛晨不停地求饒，最後沒有了聲音。這時，鄭浩才意識到自己失手打死了盛晨。當時四下無人，鄭浩立刻向車站的方向跑去。

上車後，鄭浩才想到了家中的奶奶，奶奶歲數大了，找不到他一定會很著急，說不定還會生病。但是自己殺了人，盛晨家裡一定不會甘休，自己沒能力賠錢，又不想坐牢，想到這裡，鄭浩一狠心來到了一個偏僻的小鎮。

十天後，正在四處躲藏的鄭浩被員警逮捕了，此時他已經面黃肌瘦，衣衫破爛，和街上的乞丐沒有區別了。根據法律規定，鄭浩被判刑十八年，本來可以成為優秀的大學生。而今卻成為了罪犯，就是因為不能化解心中的怨恨。

心理能量二十：怨恨—當愛的渴求與失落無法平復

· 「以牙還牙」為了什麼

　　怨恨，是內心極度不滿所引起的憤怒情緒，怨氣過多就會變成恨。怨恨和喜怒哀樂等情緒一樣，是人的正常情緒。當一個人對某件事情感到不滿，或是威脅到自己的利益時，內心就會產生怨的心理，從而對這造成件事的人或物產生極端的厭惡，當厭惡積壓到一定程度，就變成了恨。

　　道德的譴責是引發怨恨心理的一個因素，與此同時，還有人與人之間的比較也是引起怨恨心理的重要因素。

　　案例中的丁先生，本來隱瞞妻子與別人發生私情就已經產生了內疚心理，道德上自己已經開始譴責自己，最後孤注一擲把存款都給了情人，更是透支了自己的道德感。他本想情人也會對自己如此，投之以桃，報之以李，可是沒想到情人卻另有新歡。丁先生透支的道德感沒有得到補償，因此，才會對情人如此怨恨。丁先生怨恨的潛台詞是：「我都已經為你這樣了，你怎麼能對我這樣？」

　　鄭浩則是累積怨氣過多而引發的衝動下行兇。物質與愛的雙重匱乏讓鄭浩自卑，因此，才會在受到同學欺負的時候忍氣吞聲。但是，一旦情緒被積壓到一定程度，再加上外力的刺激，便會爆發出可怕的力量。

　　一個人的思想意識，都是內心的投射，之所以對他人產生怨恨，一定是因為對方觸發了自己內心自慚形穢的部分。

　　丁先生遭遇情人的背叛，使他更加對自己透支的道德感感到愧疚，使他不得不面對他對妻子的背叛，他原本希望以情人

　與自己有情人終成眷屬來緩解對妻子的愧疚，如今卻遭到了強化。因此，他投射到情人身上的怨恨，正是他對自己的怨恨。

　　案例二中的盛晨的父母經常陪伴在他身邊，並且給了他錦衣玉食的生活。而鄭浩一直得不到父母的關愛，家境也較差，在這種情況下，不排除鄭浩對盛晨會產生嫉妒或怨恨的心理，盛晨對鄭浩的羞辱則強化了這種怨恨，以至於最後發生無法挽回的事情。

　　怨恨的產生一定要具備兩個因素，一是對方的行為不合乎道德；二是自己無法得到的東西，對方也不配得到。兩個案例中的「受害者」都具備了這樣的「充足理由」，因此，才無法放下恨。但是，反過來想一想：自己的行為是否符合道德呢？自己無法得到的東西，別人為什麼就不能得到呢？

　　通常，心懷怨恨的人都存在「以牙還牙」的心理，精神分析大師佛洛伊德（Sigmund Freud）將人類的本能分為性本能和攻擊本能。攻擊本能是人類最原始的心理能量，在內心積有怨恨時，人們透過釋放攻擊能量獲得快感。攻擊本能與性本能一樣，同樣接受道德的約束。

　　當人們進入社會，隨著年齡的增長，就會透過各種的方式釋放攻擊能量，例如：工作、學習和生活中的競爭等。當釋放受到阻礙，就會透過替代、合理化、幽默、昇華、傾訴等建設性方式釋放。

　　丁先生透過騷擾和恐嚇等方式對待背叛自己的情人，鄭浩也沒有學會透過合理的途徑釋放攻擊能量，加上年輕氣盛，自控力弱，最終使攻擊能量衝破「自我」壓制傾瀉而出，以致完全

失去了控制，只想置對方於死地，以解心頭之恨。

　　怨恨他人的同時，自己也在受著內心的煎熬，這並不是採取了報復行為就能夠解決的事情，因為恨由心生，恨的背後是愛的渴求，如果知道出發點本來是愛，那麼，我們是否可以透過其他的方式來獲得愛，而不是用「恨」這種傷人傷己的方式呢？

・那些內心留存的傷痛

　　對他人的怨恨，實則來自我們內心原有的傷痛。別人真的傷害到你了嗎？還是你本來就有了那些痛，只是被人刺激了？如果丁先生不是自己先做了違背良知的事情，情人的背叛對他能「傷害」得如此之深嗎？如果鄭浩出生的環境給予了他充足的愛，他會不懂得保護自己而受人欺辱嗎？

　　對別人怨恨，首先需要問問自己的內心：自己有哪些問題？當面對自己不願接受的部分時，當你能接受了全部的自己時，對別人的怨恨也就隨之消失了。這時，對別人的恨也就演化成感謝了，因為，別人以「傷害」你的方式提醒了你內心最脆弱的地方，你最應該愛自己的地方。

　　你能比較那些欣賞帶給你的激勵和批評帶給你的反思，哪個對你的滋養更大？

　　人生在世，自己的利益受到有意無意的侵害，是很正常的事情。如果體驗團體心理沙盤遊戲，我們就會都有這樣的體驗：我們做一個行為時，往往出於一種自己的價值觀和自認為的好

意，我們可能挪動了他人擺放在沙箱裡的沙具，可能放置了一個東西在別人認為已經很完美的空間裡。這樣就會有人產生不舒服的感覺。這個體驗正是我們每個人在社會中互動的一個反映：每個人都以自己認為好的方式去互動，但是在別人那裡感受到的卻是傷害。

因此，我們還有什麼理由不寬容別人和自己呢？

生活中的人各式各樣，個性總會有所不同，要想和周圍的人和睦相處，就要學會與不同觀點、不同性格的人交往，求同存異。

· 巴斯德的決鬥方式

巴斯德（Louis Pasteur）是法國化學家和生物學家，是醫學史上首屈一指的重要人物。一天，他正在自己家中的實驗室工作。突然闖進來一個身材魁梧的男人，那個男人一進來就指著巴斯德說：「你這個混蛋，誘騙我老婆！我要和你決鬥。」

巴斯德思來想去，也沒有想過自己和哪個有夫之婦有過瓜葛，面對平白無故被冤枉。一般人早就以武力解決問題了。可是巴斯德卻沒有這樣做，他看著眼前這個男人，健碩高大。與他決鬥，肯定是兩敗俱傷。於是巴斯德平靜的說：「我是冤枉的……」沒想到那個失去理智的男人，根本不聽巴斯德的解釋，執意要和他決鬥，還不停地咒罵著巴斯德。

無奈之下，巴斯德只好說：「決鬥可以，但是我有權利選擇武器。」那個男人同意了。接著，巴斯德指著自己面前的兩隻燒

心理能量二十：怨恨—當愛的渴求與失落無法平復

杯說：「這兩隻燒杯中，一杯是天花病毒，一隻裡面是清水。我們各選一杯喝掉，為了顯示我的公平，你先選吧！」

　　那個男人顯然沒有想到巴斯德會用這樣的方式和他決鬥，在生死選擇的關頭，那個男人只好停止自己的謾罵和決鬥的想法，識趣地離開了實驗室。其實那兩個燒杯中都是清水，巴斯德就是是運用以柔克剛法，才遏止住了對方的怒火。

　　對於一些非原則性的問題，選擇戰略性退步無疑是一種最好的方式。退讓並不代表失敗，反而可以讓我們從中學到更多的東西。

心理能量二十一：依賴 ──
「安逸愉快」狀態的自我迷失

・無法自理的正常女人

結婚時，母親把雪麗的手放到王辰的手中，對王辰說：「麗麗從小在我們的嬌慣下長大，現在我把她託付給你，希望你能好好照顧她。」說完，母親還動情的掉了幾滴眼淚。

就這樣，雪麗成了王辰的妻子。結婚前幾年，王辰一直履行著結婚時的諾言，對雪麗的愛護無微不至，負責了家中大大小小的家務不說，還讓雪麗安心地做一個全職太太，他一個人負責家中的所有開支。有時候，王辰要出差，就會把兩三天的飯菜準備好，然後放在冰箱中，臨走時，還要囑咐雪麗怎麼用微波爐，怎麼注意安全等。

雪麗覺得自己眼光真不錯，嫁對了人，周圍的女人對雪麗也十分羨慕。後來雪麗懷孕了，她儼然成為了家中的女王，王辰更是百依百順。孩子生下後，是個女孩，公公婆婆有些不悅，但是王辰卻開心得像個孩子。隨著孩子的長大，雪麗也漸漸不再像以前那樣年輕。雖然王辰對她依舊很好，但是陪她的時間卻越來越少了，總是出差。

心理能量二十一：依賴—「安逸愉快」狀態的自我迷失

一天，王辰出差，雪麗獨自一人逛街，卻意外地在百貨公司看到了老公，懷裡還摟著一個身材嬌小的女人。王辰看到雪麗後，連忙支開那個女人，雪麗這才看到那個女人的腿有點輕微的跛。雪麗想不明白，一向疼愛自己的王辰怎麼會出軌，更想不明白的是，即便是出軌，還找了一個長相不如她，身體還有缺陷的女人。

回到家，王辰主動提出了離婚。雪麗表示自己願意原諒王辰，可以給他一次機會。王辰卻拒絕了，並且說離婚是早晚的事，只是他一直不知道怎麼開口。完全失去了失望的雪麗情緒失控，哭著質問王辰原因。王辰說：「我照顧了你十年，十年裡我一直把你當小女生看待，心想總有一天你會長大，像其他男人的妻子一樣，懂得關心我、照顧我。但我卻一直沒有等到這一天，直到遇見她，她雖然身體有些殘疾，但是對我的照顧卻無微不至。在你面前我更像是一個爸爸、一個僕人。而在她面前，我找到了做丈夫，做男人的感覺。」

王辰說完這一席話，便轉身而去，第二天雪麗就收到了王辰寄來的離婚協議書。離婚後的雪麗生活完全陷入了癱瘓，孩子常常一個人在學校等到天黑，她才想到要去接孩子；她不知道做完飯要關瓦斯，差一點中毒而死；她不相信王辰會這樣拋棄她，常常半夜打電話給王辰，先是求王辰不要離開她，遭到拒絕後，就立刻破口大罵。

親朋好友認為雪麗只是一時受不了離婚的打擊，沒想到一年多過去了，她依舊是老樣子。逢人便數落王辰的不是，生活中一點小事情都要請周圍的人幫忙，就連剛上小學的孩子，都

比雪麗更懂得如何照顧自己。

・老公是自己的「大兒子」

「老婆，我的襪子放哪了？」「你的左手邊第二個櫃子裡。」「這裡都是你的，哪裡有我的？」老婆叮囑孩子自己穿上鞋子，然後走到櫃子旁，只掃了一眼，便從其中找出一雙襪子，塞到了老公手中。不到兩分鐘，同樣的聲音再次響起，「老婆，我的領帶呢？」「襪子旁邊的抽屜裡。」「沒有啊，我要那條銀灰色的。」老婆再次走到櫃子旁，快速的找了出來。

這幾乎是李婷家每天早晨都會上演的戲碼，每當這個時候，李婷就開始懷疑自己是不是生了兩個兒子？她想不明白的是，老公視力二點〇，卻每次都看不到放在眼底下的東西。是不是每一個男人都這樣呢？李婷忍不住向好友詢問，得到的答案是肯定的。這一次，李婷徹底相信了，自己果真養了兩個「兒子」。

每天早晨忙完小兒子，忙「大兒子」，等把他們都忙完了，李婷才有時間收拾自己，而時間通常都已經變得很緊迫了。漸漸地，李婷開始感到力不從心。更讓她氣憤的是，有時老公自己找不到東西，還要怪她亂放東西。事實上，李婷擺放東西很有規律，是老公總記不住。

每一次老公出差，李婷比老公還忙，衣服、領帶、襪子、洗漱用品、可能會吃到的藥，甚至連出差要用到的文件，都是李婷幫老公整理好，並且還要提醒他收好機票。然而李婷這樣

心理能量二十一：依賴—「安逸愉快」狀態的自我迷失

無微不至的照顧，並沒有換來丈夫的「感恩戴德」，反而越來越依賴李婷，生活中的一切，都需要李婷來幫他打理。而李婷作為一個職業婦女，她既要照顧孩子，又要照顧老公，老公卻不能夠和她一起分擔，這讓李婷十分苦惱。

‧為什麼一個人會放棄自我主宰權

在日常生活中，有些人對菸、酒、藥物等有依賴性，還有一些人對賭博、毒品等產生依賴，其原因都是對這些物質產生了依賴性。除此之外，還有一種依賴就是情感上的依賴，在父母與孩子之間、夫妻之間，都會出現這種依賴的心理。而夫妻之間的依賴更為典型，這對對我們的情感生活會造成很深遠的影響。

案例中雪麗對丈夫的依賴，老公對李婷的依賴，都會給情感生活造成沉重的負擔。情人和夫妻關係中，表現的都是小孩和父母的模式，人都會退回到嬰兒般的狀態，在愛人那裡尋找自己理想中父母的愛。

比較和諧的狀態是有時候當父母，有時候扮演小孩。如果總當父母，總是給，你會感到累，會抱怨，就好比只呼氣，會倦怠；如果只做小孩，就好比只吸，最後會吸乾。到了這個程度，親密關係就不在是愛的關係，彼此感到一點點的愛，大大的責任。

依賴心理過強的人通常在童年時期受到父母過分照顧或是過分專制的教育下長大。從雪麗母親的話中就可以看出，雪麗

從小就依賴於父母給的現成的東西，不管遇到什麼問題，什麼矛盾，父母都會幫她解決，因此，她在原生家庭中就已經形成了依賴父母的心理。結婚後，母親的囑託，使得雪麗把這種心理轉移到了丈夫身上。

可見，父母對孩子過分的照顧，雖然是父母愛的表現，但是卻在無形中起到了負面的效果。尤其是那些對子女過分專制的父母，一味地否定孩子的意志，讓他們按照自己的意願去生活，這會使他們內心對自己不認可，凡事都想要他人幫自己做決定，導致孩子無法獨立思考、獨立生活。

當孩子習慣了這種狀態後，他們就會「享受其中」，因為任何事情都由別人替自己解決，任何錯誤都有別人來替自己承擔，這樣「安逸愉快」的生活，會令他逐漸失去自我奮鬥，自主成長的意識，會在依賴中迷失自己。

依賴心理的形成並不是一朝一夕的養成，而是一個長期的過程，是多種因素相互作用的結果，是一種消極的心態，影響著個人獨立人格的完整，制約人的自主性、積極性和創造能力。其主要表現為：

· 缺乏自信，沒有主見，認為自己能力不足，甘願讓自己處於被支配的地位。認為別人優秀是理所應當的，對自己進行否定，認為自己想要獨立很難，因此時常尋求他人的幫助，處理事情優柔寡斷，總希望有人能夠替自己做決定。

· 喜歡與自主能力強的人交朋友，因為在他們身上能夠找到依靠，找到寄託。

如果一個人習慣於依賴他人，將意味著他放棄對自我的主

心理能量二十一：依賴—「安逸愉快」狀態的自我迷失

宰，往往不能形成自己獨立的人格。當他們必須要自立時，就會對正常的生活、工作都感到很吃力，並且內心缺乏安全感，嚴重者還會影響身心的健康。

雪麗離婚後的表現和李婷老公在無法得到妻子幫助後的反應，都體現了依賴者失去依賴後的嚴重不適。

· 依賴是一種託付心理

雪麗的母親在婚禮上把女兒鄭重其事的託付給王辰，這是婚禮上經常上演的一幕。幾千年封建思想的影響，使得華人女性普遍存在一個想法，嫁給一個男人，就是把自己的終身託付給了對方。

這是封建社會時期女性身分低微的表現，「在家從父，出嫁從夫，老來從子。」一生中都是「跟從」男人，絲毫沒有自己的人生觀、價值觀，完全失去了掌控自己命運的能力，這是非常可悲的。難道還有女性願意回到古代，做一個「三從四德」的女性嗎？心甘情願地當一件衣服，從一個衣架被掛到另一個衣架上嗎？

雪麗就是如此，她把自己的一生都託付給了王辰，認為王辰的責任就是給她幸福快樂，照顧她、關愛她。這無形中就給王辰造成了巨大的壓力，他一個人承受著兩個人的生命，而婚姻本不該如此，他在付出的時候，希望能夠得到回報，當雪麗沒有回報，而別的女人給了他時，他的情感天平就傾斜了。

而雪麗因為長期依賴王辰，她沒有意識到自己完全忽略了

自我成長，一直停在原地踏步。漸漸的，她與王辰之間的距離也就越來越大，最終導致婚姻的破裂。

女性的依賴心理與她們性格溫順，個性柔弱有很大關係，同時，女性的生活往往比較單調，社交範圍比較狹窄也是造成她們依賴心理產生的一大原因。當依賴心理產生後，隨之而來的就害怕失去。患有嚴重依賴症狀的女性會顯得十分不安，精神常常處在一種緊張的狀態，更甚者還會出現失眠、頭暈等焦慮症的症狀。

然而，這種託付心態不僅僅出現在女人身上，在男人身上也存在，只是大多數人都沒有意識到。男人對女人的託付心態主要體現在生活上，李婷老公在生活上要求李婷對自己的照顧，便是他託付心態的體現，他把自己的飲食起居都交給了妻子打理，一旦妻子不再插手，他便感到生活一團糟。華人大部分家庭都是這樣的，男主外女主內，這使很多男人都認為妻子照顧自己的生活是理所應當的，卻忽略了自己是一個成年人，不管是在生活上，還是情感上，都應該有獨立自主的一面。

同時，男人的託付心態有時候還會表現在事業上，即把自身的發展託付給所屬的公司，一旦自身出現什麼問題，就會推到公司身上，而自己是無辜的受害者。

與託付心理相輔相成的就是被託付心理，通常一個依賴性極強的人身後，都站著一個願讓他依賴的人，如王辰和李婷。對一部分男人而言，他們認為女人把自己託付給自己，是天經地義的，這是義不容辭的責任，也是自己作為男人的象徵。而事實上，他們多數都無力做到他們所承諾的那些事情。因為人

心理能量二十一：依賴─「安逸愉快」狀態的自我迷失

有時候連自己的幸福快樂都不能完全主宰，又怎麼能全部承擔起別人的幸福快樂呢？

就好比一個人正在喝咖啡，如果他妻子也想喝，他們就可以一起分享一杯咖啡；但如果一個人正在喝咖啡，而他的妻子卻想喝奶茶，那麼他還怎麼分享給妻子呢？可見，一個人並不能承擔另一個人所有的快樂，只能在自己力所能及的範圍內，為對方提供。

而作為女人來說，女人天生都有一種「母性」，會情不自禁地照顧他人。李婷對老公的照顧實則是縱容了老公的依賴心理，老公對她的依賴，很大程度上源自她的放任。

．努力提升自我價值

一段幸福和諧的婚姻，不是「我將我的一生託付給你」、「我將用我一生來照顧你」，這樣的甜言蜜語聽起來好聽，做起來則是一種壓力。而是你有能力照顧自己的人生，而他也有能力照顧自己的人生，然後你們在一起能夠擦出更多的火花，產生獨自一人無法體驗的幸福和快樂。

雪麗離婚後的行為是可悲的，也是自己不能早日覺悟的結果。如果她能夠早點意識到自己的託付心態，積極地提升自己，王辰就不會拋妻棄子的「負心漢」了。有一個太太知道老公出軌後，她不哭不鬧不上吊，反而把心思都用在了提升自己上面，事業有成，品味和氣質也比以前有了更大的提升，當她老公再看到她時，再次被她迷住，放棄了第三者轉而重新追求自

己的妻子。

當女性能夠堅強起來，不把自己的命運交給他人擺布，不要有那種沒有了誰就過不下去的想法，這樣才能即便是失去了誰，自己也能很精彩的活著。

同時作為父母，在孩子很小的時候，就應該培養孩子獨立自主的能力。不要把孩子當成自己的私有財產，孩子作為家庭中的個體，應該得到父母的尊重。只有這樣，他們在成年後，才能對自己的生活和前途有選擇的權利和自由，從而對自己行為造成的結果勇敢的負責。父母在兒女面前適合充當「軍師」，適時地給些意見和引導，而不是「主宰」，完全代替他們安排他們的人生。

一個從小就被剝奪主見的人，成年後如何不依賴配偶？不依賴權威？哪裡能有自我呢？

・雯雯的「大陰謀」

最近雯雯正在醞釀一個大陰謀，所謂的大陰謀就是裝病。為什麼要裝病呢？因為最近她意識到老公越來越懶了，回到家就把衣服往沙發上一扔，把鞋子隨便一拖，東西掉在地上，哪怕掉在他的眼前，他都不願意彎腰撿一下，更不要說做飯洗碗收拾房子這些事情了。

通常都是雯雯剛收拾完整潔的家，就被老公「折騰」亂了。她也曾對此「抗議過」，她說一下，老公就動一下，不說就不動。有一次，雯雯連續兩天沒有收拾屋子，老公也沒有覺得不

心理能量二十一：依賴─「安逸愉快」狀態的自我迷失

妥，就在亂糟糟的家裡生活了兩天。於是雯雯不得不使出殺手鐧，趁著連假期間，幫助老公戒掉對她的依賴心理。

這天早晨，雯雯在被窩裡不肯起床，老公在旁邊餓得直嚷嚷，雯雯只好「強撐」起床，走起路來搖搖晃晃，彷彿隨時都可能「暈倒在地」。老公見狀感到事情不妙，連忙把雯雯扶上床，關切地問她怎麼了。雯雯「氣若游絲」的說：「我頭暈噁心，一站起來就天旋地轉。」老公建議去醫院，雯雯立即反對，並以休息一下就好，不想浪費錢為由搪塞了過去。

無奈之下，老公只好自己做飯，卻發現家裡什麼吃的都沒有。於是臨時出去買，雯雯躲在被窩裡偷樂，計畫初步成功了。沒想到十分鐘不到，老公就回來了，他竟然沒有拿錢，就出去買東西。當老公終於手忙腳亂的煮好一鍋粥時，雯雯卻表示自己吃不下，她說一看到滿屋狼藉，就沒有吃飯的胃口，還做出要「嘔吐」的樣子，老公為了讓雯雯吃飯，連忙去收拾屋子。

平時不做家務的老公，根本不知道怎樣能讓家裡看起來更整潔，雯雯一邊撐著「虛弱」的身體坐在床上做指揮，一邊讚賞老公能幹。一天過去後，老公躺在床上感慨萬千，他沒想到做家務也這麼累。

第二天，雯雯的「症狀」有些減輕，老公便開始鬆懈下來，企圖指揮雯雯幫他做這做那，雯雯聽從指揮做了一件事後，「病情」就開始加重了。而這時候，老公公司打來電話要他立刻去公司，老公手忙腳亂的什麼也找不到，襪子、領帶、公事包，他讓雯雯幫他找，雯雯看到此狀，一面為老公著急，一面極力

克制自己想要幫他的衝動。最終老公還是靠自己準備妥當出門了，除了襪子穿的不是一雙外，其餘的都沒有什麼問題。

晚上回家後，老公對雯雯說他因為穿錯了襪子，而遭到了同事的恥笑。不過他也認知到自己平時對雯雯的依賴心理太強了，甚至超過了他的想像。經過了很長時間的「病」，雯雯的一番苦心沒有白費，老公終於變得能夠「自理」了。

其實，幫助對方戒除依賴，讓他自己能夠生出照顧自己的能力，這才是真愛。而不是一味地將對方的責任扛在自己身上，這不是真愛，這其實是一種「假愛」，自己很累，對方也沒有成長。其實這是害了彼此。

在幫助對方戒除依賴的過程中，最重要的是要克服內心想管卻不能管的焦慮，如果控制不住，則前功盡棄。在戒除依賴的過程中，對方因為慣性，也會感覺到變化帶來的不適，這時候更要控制住自己想管的焦慮。請相信，度過改變期，新的秩序就會產生。

心理能量二十一：依賴—「安逸愉快」狀態的自我迷失

心理能量二十二：完美 ——
虛幻的代名詞 OR 烏托邦式的假想

· 相親專業戶

　　程芳已經二十九歲了，卻依然沒有男朋友，周圍的人都稱她為「相親專業戶」，因為她在短短兩年的時間裡，已經相親四十三次，周圍的人已經無法再為她提供相親對象了，她下一步打算把自己放到電視上，放眼全國找自己的如意郎君。

　　有人說程芳的太挑剔了，而她本人卻不這樣認為，她覺得婚姻是一輩子的事情，一定要找一個自己心中百分之百認同的人，否則今後的婚姻將無法進行下去。對於這一理論，她有現實為證，那就是她父母的婚姻。在程芳童年的記憶裡，是在父母不斷的爭吵中度過的。那時候，母親就對程芳說：「芳芳啊，以後嫁人一定要嫁一個自己稱心如意的，千萬不要湊合，就像我和你爸一樣，天天吵架。」伴著母親的淚水，程芳把這句話死死地記在了心裡。

　　上學期間，程芳一心在學習上，她認為作為學生就不應該談戀愛，面對眾多的追求者，她都回絕了，在男生的心裡，她就是一朵帶刺的玫瑰，靠近不得。後來進入職場，程芳開始接

心理能量二十二：完美─虛幻的代名詞 OR 烏托邦式的假想

受異性的追求，但是她發現出現在她身邊的男性，都不能完全符合她的標準。

例如，和她年齡相差三歲左右的，基本談不上事業有成，有的甚至還沒有找到自己的職業目標，程芳無法接受這樣不成熟的男人。但是稍微成熟一點的，就至少比她大五歲，而她要求對方最多比她大三歲，否則會有代溝，影響交流。

好不容易碰到又成熟，年齡也正好的男士，卻總有一些小毛病是她無法接受的，比如抖腿、指甲過長、吃飯發出聲音等，在程芳看來，抖腿說明這個人輕浮，指甲過長是不注重衛生，吃飯發出聲音是沒禮貌，哪怕只有其中的一項，程芳都毫不猶豫的 PASS 掉。沒有這些小毛病的男人她也遇過，但是，不是因對方吸菸喝酒，就是因為不尊老愛幼也被程芳淘汰了。

這樣挑來揀去，程芳快三十歲了，年齡越大，能夠選擇的範圍也越小了，相同年齡的不是結婚了，就是戀愛了，要不就是離婚了，而她又不能接受姐弟戀和忘年戀。現在程芳最大的願望就是在這個尷尬的年齡，把自己嫁出去，但擇偶標準是絕對不能降低的。

・跳槽專業戶

楊森大學新聞系畢業後，在一家報社做記者，年輕氣盛的他渾身充滿著鬥志，他立志要在報社做出一番成就。但是他漸漸發現，總編總是讓他跑一些小道消息，或是一些清官都難斷的家務事，這讓他像隻鬥敗的公雞，覺得自己的才能得不到施

展，楊森果斷的選擇了辭職。

到第二家報社上班後，楊森的幹勁很快就被總編賞識，他很快成為了公司的紅人，在完成了幾次成功的採訪後，楊森發現同事們越來越疏遠他了，有的甚至在他背後「放冷箭」，楊森無法忍受這樣的人際關係，忍痛放棄了工作。

接著，楊森又換了多次工作，但是每一家報社，都有各種他不能忍受的缺陷，有的薪水達不到他的標準，有的工作環境不能讓他滿意。現在待業在家的楊森想不通為什麼就沒有一家十全十美的報社呢？從小父親就要求他各方面都要達到最好，自己做到了，卻沒有想到這個社會處處充斥著讓他無法忍受的事物。

· 你是哪種類型的完美主義者呢

一個人長大後所表現出來的各種心理現象，都可以從他的成長過程中找到痕跡。完美主義者也不例外，通常而言，完美主義者的幼年都是在嚴厲的斥責或是懲罰中成長，為了避免招致麻煩，因此強迫自己往好的方向發展，久而久之，就形成了習慣。

在外人看來，這樣的孩子懂事聽話，但是對孩子心理造成的影響也是深刻的，就是他們把父母的批評聲轉移到了內心中，時刻控制著自己的行為。這也致使許多完美主義者比較早熟，他們希望自己能夠像父母一樣，在家庭中有一定的地位，能夠擔負成人的責任。

心理能量二十二：完美─虛幻的代名詞 OR 烏托邦式的假想

　　同時，因為完美主義者一直被他人寄予很高的希望，但是又得不到讚賞，所以導致他們已經把受到批評當作一種修練，從內心對自己嚴格要求，使自己成為一個完美的人。看似他們的自制力很強，而事實上，他們剝奪了自己追求真實希望的權利，內心已經形成了巨大的壓力，時刻尋找發洩這種情緒的出口。

　　一個完美主義者，會對很多事物感到不滿，他們認為那些事物或多或少都有瑕疵，必須要改正。例如：

　　坐公車對完美主義者而言，就意味著維持正確的坐姿；

　　用餐時必須要咀嚼十下才可以下嚥；

　　休閒時間應該用來做一些有建設性和教育意義的事情……

　　總是找不到好對象的程芳和總是找不到好工作的楊森，都是典型的完美主義。正是因為自身無法容忍別人的某些瑕疵，才會落得這樣的下場。

　　一般來說，完美主義者對自己要求也很高，他們不能容忍他人的部分，也同樣不容忍發生在自己身上。因此，完美主義者一般都是很優秀的，但是對自己和他人都非常苛刻，這樣的人，不僅自己累，也會讓別人很累。

　　完美主義是一種人格特質，在他們的性格特質中，具有凡事都追求盡善盡美的傾向。完美主義的性格多表現為固執、刻板、不夠靈活、給自己和他人設置很高的標準，並且非實現不可。

　　心理學家把完美主義人格分為三種類型：

　　第一種類型 —— 自我要求型。這類型的人對自己的要求十

分嚴格，給自己設定的標準通常都是很高的，並且沒有人壓迫他們，他們追求完美的動力完全是出自於個人。

第二種類型 —— 要求他人型。這類型的人是對他人要求嚴格，為他人定下極高的標準，而且不允許他人出現錯誤。

第三種類型 —— 被人要求型。這類型的人要求自己完美是為了滿足他人，例如在父母或戀人眼中，做一個沒有缺陷的人，他們總覺得自己被期待，因此無時無刻都在要求自己做一個完美的人。

在完美主義者的思想中，任何事情都應該達到完美無缺的地步，不管是對待生活還是對待工作，他們都以十分理想的方式要求自己，而不考慮實際的情況，和是否需要留有一定的餘地保持彈性。

親愛的朋友，你趨於哪種類型的完美主義者呢？如果都不是，那就恭喜你了，如果極為趨向於某一種類型，現在，你要認真閱讀下面的文字內容了。

· 內心的批評家

從上述的案例看來，完美主義者都是十分挑剔的，凡事都要達到既定的標準才可以。這是因為在完美主義者的內心裡，都存在著非常嚴厲的批評家。這位批評家手中拿著尺，對他們做的每一件事，每一種想法進行監督。因此，一旦他們沒有達到既定的要求，內心就會感到自責。

對一般人而言，只有在犯了嚴重的錯誤時，內心才會產生

心理能量二十二：完美—虛幻的代名詞 OR 烏托邦式的假想

自責感，但對於完美主義者而言，這種自責感與他們的思想如影隨形，儘管這種感覺來自完美主義者本身，但是更願意把這種感覺看作是外加於他們的。

完美主義者內心的批評家會對他本人的言行舉止做出評價，例如：程芳在相親時，當她對一個男士很有好感時，但這個男士身上有一個小缺陷，這時程芳內心的批評家就會對她說：「這個男人不適合你，你應該選擇什麼什麼樣子的。」這種評價讓程芳害怕自己做出錯誤的決定，於是選擇放棄。事實上，這是程芳自己培養出來的內在的監督體系，來自動監督自己。

正常人會認為這對自己太過於苛刻，但是完美主義者卻認為這是更高層次的自己，是一種超越正常思想的思想。當批評的聲音十分強烈時，完美主義者就會憎惡那些不嚴格律己，又沒有表現出自責的人。例如楊森，他無法忍受總編埋沒人才，和同事間的勾心鬥角。在他們看來，任何人心中都有一個批評者，所以人們應該擁有內在監控能力。然而，當他們發現人們並不會刻意約束自己的行為時，他們甚至會認為對方是在蓄意的欺騙。

因為有內心批評家的存在，所以完美主義者的精力都集中在應該做和必須做的事情上，他們的腦中沒有空間去關注所謂的希望和自己想做的事情，在他們看來只有「應該做」和「必須做」的事情，因此，他們總是感到不滿，這種不滿代表了長期積壓的憤怒，也說明了他們並沒有忘記自己想做什麼。現在只不過是為了內心的批評聲，而強迫自己達到既定的目標。

・世界上不存在完美

每個人的心中多少都會有一些完美主義的傾向，希望無論做什麼都能夠達到盡善盡美的地步，但是這僅僅是「希望」，並不代表他們會不計一切代價，不分實際情況地去達成，這種完美是能夠幫助人們把工作做的更好的積極心理。

當完美已經影響到自己的生活和人際關係時，就不再正常了。因為這樣的完美會讓人產生心理壓力，從而影響自身的健康狀況。蘇黎世大學的研究人員曾做過這樣一個實驗：

挑選五十名中年男子進行一項測驗，首先要求他們用十分鐘的時間準備一篇演講稿，然後面對三個考官進行演說。演說完畢後，再要求他們從兩千零八十三開始，每隔十二個位數就向下數一個位數，直到倒數至零，如果中間出現一次錯誤，就要重數。

在這個過程中，研究人員負責記錄這五十個人身體的各項指標，包括唾液中的應激激素皮質醇含量、心律、血壓以及腎上腺素和降腎上腺素水準的變化。結果顯示，完美主義傾向越嚴重的人，測試分泌的應激激素越多，這就表示他的心理壓力越大。同時，研究人員還發現，完美主義嚴重者在測試過程中顯露出疲勞、急躁或信心受挫等多種負面情緒。

除此之外，完美主義還是成功的阻礙，心理研究表明，試圖達到完美境界的人與他們可能獲得成功的機會往往是相反的，一味兒地追求完美不但無法讓他們成功，反而還會帶來焦慮、沮喪和壓抑的情緒。

心理能量二十二：完美—虛幻的代名詞 OR 烏托邦式的假想

在這個世界上，根本不存在真正的完美，如果逼迫自己一定要完美，無疑就是把自己推向痛苦的邊緣。

· 羞於啟齒的童年往事

童倩和丈夫的婚後生活很美滿，但是唯獨夫妻生活不怎麼理想。原因出在童倩身上，她認為那件事是「骯髒」的，所以丈夫和她親熱時，她都覺得像在犯罪，在這樣的心理影響下，夫妻生活的品質自然不好。

童倩之所以產生這種心理，要從她小時候說起。那年童倩四歲，無意中看到父母親熱的過程，心裡感到十分好奇。正巧鄰居家的一個小男孩也是這樣，於是他們便找了一個沒人的地方，也想要嘗試一番。正當他們脫掉各自的衣服，學著大人的姿勢抱在一起時，母親忽然出現在他們身後，對著童倩的屁股開始打起來，童倩一邊哭一邊向媽媽求饒。她還記得，當時媽媽說自己「小小年紀，就做這種傷風敗俗的事情」。

後來童倩再也不敢和那個小男孩說話，沒過多久，小男孩隨著家人搬走了。童倩認為一定是因為自己和他做了「傷風敗俗」的事情，他們才會搬走，內心充滿了愧疚和不安。很長一段時間裡，童倩走在大街上都不敢抬頭，生怕鄰居們對她指指點點。

直到成年以後，小男孩一家回來探親，到童倩家拜訪，童倩仍不知道如何面對他，找了個藉口躲到外面，小男孩一家離開，她才回到家中。兒時的羞恥感，一直影響著童倩，但這些

丈夫卻不知道。後來在一次聊天中，丈夫神祕地告訴她，原來丈夫小時候也做過類似的「性遊戲」，但是丈夫卻絲毫沒有羞恥感，他認為那只是孩子好奇的表現，也是具有探索精神的體現，沒有什麼大不了的。

童倩多年的心結此刻完全打開，她曾經為此自卑過，為此感到羞恥過，覺得自己身上存在了污點，沒想到在他人眼裡，這根本不算什麼。同時，童倩也意識到了幼年時期父母對孩子的不當教育產生的嚴重影響，於是立即投身於兒童心理學的職業，幾年以後，成為了資深的兒童心理專家，為孩子的成長提供更多的有益的幫助。

童倩很好的將自認為的負面缺陷改變成了最積極的正面資源，追求完美的人大多都是不能忍受自己身上有缺陷的，所以極力透過追求完美來掩飾這一點，而事實上，最有效的方法，不是唾棄自己，亦或是認為自己不夠完美而痛苦，而是將負面的缺陷化為積極的正面資源，幫助自己進步。

追求完美的人往往意識不到，自己所謂的「缺點」可能正受到他人的喜歡。例如，一個女同事一直認為自己不夠開朗活潑，所以一直很羨慕同公司的另一個女同事的活潑開朗。正當她極力想要改變自己時，那個女同事卻對她說：「我一直很羨慕你，喜歡你那種溫文爾雅的性格，可我就是做不到。」

世界上沒有兩片相同的樹葉，人也是如此，任何人都有自己的獨特，沒有任何缺陷的完美，本身就已經成為了一種缺陷。所以做真正的自己，做獨特的自己，接納自己，活出自己所擁有的獨特的一面，這才是所謂的「完美」。

· 減輕完美主義傾向的四種方法

一、接受不完美

十全十美的人和物是不存在的，生活也不可能一點瑕疵都沒有。很多時候，人都是因為經歷了風霜，歷盡了挫折才達到成功的巔峰，所以沒有必要因為一件事情沒有做到完美的程度，就自怨自艾，甚至是自暴自棄。

二、接納真正的自己

正確地認識自己，既不要高估自己的能力，也不要低估自己的能力。在成長的過程中，培養興趣和愛好，做自己擅長的事情，並接受自己擁有不足之處。

三、設定目標

目標要求是短期的合理目標，否則目標過大，很容易因為無法完成而沮喪，導致自卑心理產生。也不能過低，這樣輕輕鬆鬆就可以完成，不利於自己能力的提高。最好是比自己現有的能力高一點，自己付出努力就能夠達到的目標。

四、不苛求他人

金無足赤，人無完人，所以我們沒有理由要求他人凡事都做得完美無缺，能夠做到對他人的失誤和缺陷保持寬容和理解，是對他人的尊重，也是建立友好關係的前提。

心理能量二十三：抱怨 ——
損耗自己和別人的消極能量

· 怨婦林嬌的糟糕生活

　　在家人和朋友的眼中，林嬌是一個不折不扣的怨婦，似乎生活中任何事情都不能讓她滿意，而她越是這樣認為，她的生活就越糟糕。

　　先從丈夫說起，林嬌認為丈夫沒有上進心，這麼多年過去了，依然是一個小職員，每天回來就鑽進廚房，廚藝是越來越好，但是錢包卻依然那麼扁。有時候林嬌覺得丈夫應該去做廚師，說不定會比現在有出息。更讓她生氣的是，丈夫似乎沒有脾氣，每當她喋喋不休的抱怨丈夫沒出息，沒有上進心時，丈夫總是嘻嘻哈哈的糊弄過去，直到她完全沒了火氣。

　　一次，林嬌因為在公司受了委屈，回家看到丈夫又在廚房忙碌，便更加憤怒，如果丈夫能有點出息，自己也不用出去受別人的氣。想到這裡，林嬌又開始抱怨起來。這一次，丈夫忍不住為自己辯解了幾句，林嬌立刻覺得丈夫不但沒有出息，還不懂得體貼她，於是又哭又鬧，轉身離開了家，回到了娘家。坐在自己媽媽的身邊，林嬌從頭到尾把自己對丈夫的不滿說了

出來，老母親聽罷，說道：「既然這樣不滿，乾脆離婚算了。」

聽到此話的林嬌立刻住嘴了。然而沒過半個小時，她又開始了無休止的抱怨，只不過這一回抱怨的對象成了自己的兒子。林嬌替兒子報名了鋼琴班，但是兒子卻不用心學，錢花了不少，卻什麼都沒學會。在學校也不認真聽課，就知道搗亂，捉弄老師、欺負同學，每次都考倒數幾名。不管怎麼罵，怎麼打就是不見起色。不用功讀書，卻愛管閒事，總是打抱不平愛打架。讓林嬌操碎了心，不知道自己怎麼生出這樣一個冤家來。末了，林嬌說累了。母親插進話來，「讓人這麼操心，生下來時就應該掐死他，不過現在送人也不晚。」

母親的話讓林嬌頓時不知該說些什麼，她只好離開娘家，打電話給自己最好的朋友，在電話裡她剛準備向好友抱怨自己的丈夫，好友就以正在忙為藉口掛掉了。回到家，老公還在生氣，不和她說話，兒子看見她就躲進了屋子，林嬌想不明白怎麼大家都躲著她。

・一味抱怨，讓李強丟了工作

早上到了公司，上司就交給李強一份資料，讓他分析出結果，李強不情願的接過來，心裡厭煩到了極點，他不知道這份工作自己還能忍耐多久，每天就是和一堆資料打交道，極度枯燥乏味。

他一邊做著資料分析，一邊用聊天軟體和朋友抱怨「上司太不人道了，我手上的工作還沒完成呢，一大早又交給我這麼

枯燥的工作，真是累死人不償命啊。」「你是不知道我們公司，待遇低福利差，工作量大也就算了，連年假都沒有。」「我的同事一個比一個矯情。」……朋友勸他多做一點，就能多學一點，他卻說：「我只拿了這點薪水，為什麼要多做？」

就這樣，一邊抱怨一邊工作，終於等到了下班，上司卻臨時通知他們要開會，本想回去看球賽的李強眼看球賽要泡湯了，忍不住嘟囔一句：「天天開會，有什麼好開的。」結果這句話正巧被上司聽到，上司轉過頭來對他說：「如果你不想開會，可以現在就走。」李強知道自己現在走掉工作也就沒有了，但又不想在同事面前沒面子，於是轉頭離開了。

第二天，李強一到公司，就接到了人事部的通知，他已經被公司正式開除了。

·抱怨的「投射效應」

抱怨，是當心中感到不滿時，對他人的指責，有時候也針對引起自己不滿的事件。就其本質而言，抱怨是不滿的表現，是一種發洩，是日常生活中最常見的一種情緒體現。抱怨也可以看成是對生活的不接受，消極面對生活的一種態度。

適度的抱怨可以使消極的情緒得以發洩，達到緩解內心壓力的目的，在一定程度上維持了心理健康。當抱怨成為了一種習慣，遇到任何人、任何事都想抱怨，就會使讓人的情緒變得糟糕，人際關係變的緊張，在工作中敷衍了事，嚴重阻礙自身的發展。

心理能量二十三：抱怨—損耗自己和別人的消極能量

　　抱怨，帶給別人的是強烈的負面感受，因為會消耗自己的能量，因此，人們往往都避之不及。林嬌和李強周圍的人都不想見他們，就是因為他們強烈的負面情緒。

　　從表面上看，我們在抱怨他人時，一定是他人引起了自己的不滿，過錯在對方身上。事實上真的是這樣嗎？從心理學角度分析，我們在抱怨他人時，實際上指向的是我們自己，這就是「投射效應」

　　投射效應，是指將自己的特點歸因到其他人身上的傾向。是以己度人，認為自己具有某種特性，他人也一定會有與自己相同的特性，把自己的感情、意志、特性投射到他人身上並強加於人的一種認知障礙。例如，林嬌認為自己有上進心，那麼所有的人都應該有上進心，所以她無法忍受丈夫沒有上進心。李強認為同事們很矯情，事實上最矯情的人是他自己。

　　投射效應讓我們在看待他人時容易失真，總是傾向於按照自己是什麼樣的人來評斷他人，而不是根據他人的實際情況來判斷，因此，很容易造成錯誤的判斷。

　　投射效應是一種嚴重的認知心理偏差，通常分為兩種表現形式：一種是感情投射，另一種是認知缺乏客觀性。

　　感情投射就是認為他人與自己有一定的相似性，用自己既定的框架去要求他人的言行特性，按照自己的思考方式去理解對方。當對方達不到自己的要求，或是不能認同自己的觀點時，就會產生抱怨。

　　認知缺乏客觀性是指對自己的喜歡的事物就認為是沒有任何缺點的，而對自己不喜歡的事物就認為是沒有任何優點的。

因此對自己喜歡的事物總是過分的表揚和追捧，而對於自己不喜歡的東西就一味的貶低。這種把自己的情感投射到人或物上，以自己的心理傾向進行美化或是醜化，會使人在社會活動中失去認知的客觀性，導致自己過於主觀，帶有偏見。

例如：李強不喜歡現在的工作，就把公司、上司、同事說得一文不值，事實上，他在工作中的收穫絕不比他付出的少，只是他的偏見使他忽略了這些。

· 怨婦心理分析

談戀愛時是相看兩不厭，結婚幾年後，再看對方，當初的優點也變成了缺點，這一點在女性身上的體現尤為明顯。心理學家指出，女性比男性更容易抱怨，這和東亞幾千年來的傳統文化也有一定的關係。華人傳統家庭就是男主外，女主內，基本上所有的女性在結婚後就失去了自己原有的生活圈，把全部的精力都放在了家庭、丈夫、孩子身上，甚至有時候會忽略了自己。

於是，她們便把自己的希望寄託在丈夫還有孩子身上。例如，自己沒有過多的精力放在工作上，就希望丈夫能夠事業有成；自己因為忙於家庭而無暇顧及愛好，就希望孩子能夠培養自己的愛好和特長。但這畢竟不是丈夫和孩子的意願所在，因此這樣沒有根基的願望就難以實現，於是女性便感到失落、委屈，覺得自己的付出沒有得到回報，抱怨也就因此產生。

事實上，女性往往高估了自己的水準與付出，不可否認也

心理能量二十三：抱怨—損耗自己和別人的消極能量

許她們做得不錯，但是不見得他人就沒有付出。例如，林嬌的丈夫雖然在事業上沒有達到她的要求，但是卻經常幫她分擔家務，這是許多女性十分渴望的事情。

兩個人在組建一個家庭之前，分別來自於不同的家庭，受著不同的家庭教育，有著不同的成長經歷，因此兩個人肯定會有很多不同。如果企圖改變對方，那是一定會嘗到失敗的滋味。這個時候又會覺得丈夫對自己不夠重視，這種挫敗感也是引起抱怨的一個因素。

有專家曾對職場人士的抱怨做過一項統計，結果顯示，每天抱怨次數在一到三次之間的超過百分之八十七點七；每天抱怨次數在二十次以上的，占百分之四點八以上。這其中，抱怨與工作相關的內容達到了百分之八十五點五的比例，排在第二位的是感情方面，占百分之十九點八的比例。

可見，對工作有抱怨已經是十分普遍的問題。難道真的是工作那樣不堪嗎？當然不是，真正的原因還是在員工本身，有人曾一針見血的指出：「抱怨是失敗的藉口，是推卸責任的理由。」職場中很多人因為自己無法完成工作任務，卻抱怨是公司壓力大，上司不懂體恤員工，他們的抱怨，正好展現了他們能力不及他人，又愛推卸責任的缺點。因此，他們在公司中屢屢得不到晉升，有的還會因此而丟掉了工作。

還有另一類人，是覺得自己在公司中最有能力，卻沒有得到重用，於是心生抱怨，對待工作不願意全力以赴，又不知道自我反省。反而總是恃才傲物，以「居功者」的姿態出現，認為周圍的人都應該聽自己的，久而久之勢必引起同事的不滿，這

樣自然會造成事事都不如意的場面出現，對待工作的怨氣也就越來越重。

·世界不會因為抱怨而改變

在這個世界上只有三件事：你的事、我的事和老天的事。這其中，只有「我的事」是我們能夠決定的，而大多數人的抱怨，都是來自於別人的事和老天的事。最後發現，自己的抱怨於事無補，什麼也改變不了，還給自己帶來了眾多煩惱。

抱怨不會改變任何事情，只會讓我們消極的接受生活，對他人和環境的抱怨越來越深，看不到生活中積極面，體會不到幸福。在職場中的抱怨，不但不會改變我們的現狀，反而會讓我們對公司失去了忠誠，陷入了低迷的情緒中，影響自己在職場中的發展。

改變抱怨的習慣並不是一件容易的事情，美國最著名的心靈導師之一威爾·鮑溫（Will Bowen）曾發起一項「不抱怨」的運動，幫助人們改掉抱怨的習慣。活動的具體做法是：

每一位參加者都戴上一個特製的紫色手環，當自己想要抱怨的時候，就將手環換到另一隻手上。當再次想要抱怨的時候，依照上一個步驟再做一次，如此反覆，直到手環能夠在同一隻手上戴滿二十一天。這個過程是漫長的，可能要持續四到五個月才能做到。當做到後，就能夠體會到沒有抱怨的人生是多麼美妙了！

這個活動發起了不到一年的時間裡，全世界就有八十個國

心理能量二十三：抱怨—損耗自己和別人的消極能量

家，大約六百萬人參加了這項運動，現在，你也可以成為其中的一員，完成從「抱怨者」到「無怨者」的轉變。

·先讓自己成為金子

一個人整天想做官，但是卻總當不上，為此他愁得吃不香睡不好，不斷抱怨官場如何黑暗。後來，他聽說在深山中住著一位無所不能的智者，於是他跋山涉水找到了智者，希望智者能夠幫助他。

智者在聽完敘述後，從地上撿起一枚石子，用力扔進了石頭堆裡，然後對他說：「把我剛剛扔出去的石頭找回來。」此人在石頭堆裡轉了一圈又一圈，卻不知道到底那一刻石頭才是智者扔出來的。只好沮喪地回到智者身邊。

接著，智者從口袋中拿出一小塊金子，用力扔到了剛才的石頭堆裡，然後再次讓他找出來。這一次，此人輕而易舉地就將金子找了出來，交給了智者。智者接過金子，什麼話也沒說就走掉了。

這個人一邊回家，一邊想智者的意圖，終於明白了智者的意思。原來智者是想告訴他：只要是金子，到哪裡都發光。現在的自己不過是一顆石頭，根本沒有資格去怪罪環境。

抱怨在職場中是十分常見的現象，那麼我們怎麼來改正職場中的抱怨呢？

首先，根據抱怨的不同類型，採用不同的方法。職場中的抱怨不是一成不變的。有的是不管遇到什麼工作，第一反應就

是抱怨；有的則是偶爾引發的不滿，導致抱怨情緒的產生；有的則是因為受到了委屈，才會抱怨……選用不同的方式解決不同的抱怨，才能做到對症下藥，需要注意的是第一種，一旦意識到自己屬於這種抱怨類型，就要及時地進行改正。

其次，抱怨在一定程度上能夠體現出公司在管理制度上的缺陷，所以不要不分情況地對抱怨加以制止。有些抱怨是合理的，可以幫助公司不斷改善體制。再次，對於因為同事矛盾而引起的抱怨，要及時樹立自己的團隊精神，寬容待人，及時化解矛盾。

不要用抱怨為自己找藉口，推卸責任，職場的競爭越是加劇，我們就越要提高自己的能力，與其花費時間抱怨工作，不如努力改變自己。

・消除抱怨的九個意識改變

一、大多數抱怨都是因為內心的索取得不到滿足，但是。真正的付出是不計回報的，如果你愛別人，只要真誠的給予就好了。明白了這一點，就能夠扼殺抱怨的念頭。

二、有時候，抱怨只是表達了一時的不滿，並不是自己真正的想法。所以，在抱怨之前，最好反覆確認抱怨的目的。如果抱怨的目的並不是你想要的，那麼就選擇閉嘴，否則你將承擔一個你本不想要的結果。例如像林嬌那樣的女人天天嚷著離婚，有一天老公真的要和她離婚了，她會反而不能接受。

三、抱怨的產生，很大程度上是因為對事物的評價太過於

心理能量二十三：抱怨—損耗自己和別人的消極能量

表面化、情緒化，而缺乏客觀的、冷靜的分析，導致錯誤評價的產生。正確的抱怨能夠讓我們得到想要的結果，但是錯誤的抱怨，卻會讓我們得到與期望的背道而馳的結果。因此，在選擇抱怨對象的時候，不要選擇自己不能改變的，或是不需要改變的事情，否則就是自討苦吃。

四、找出問題的癥結所在，改進自己。一旦有抱怨的心態出現，別急著滿口牢騷，不妨先讓自己冷靜一下，回顧整件事發生的過程，反身自省，找到癥結和問題所在。如果發現是自己偷懶，工作不夠積極，就要注意查找自身的不足，改變工作態度，改進工作方法。

五、很多人把抱怨的產生歸結於外界的誘因，卻極少分析自身的個性、心理弱點等導致煩惱的內因。只有改掉這種過於依賴他人的思想，從改變自己做起，才能改善抱怨情緒。

六、當自己想要抱怨的時候，嘗試把嘴閉起來，縱容抱怨習慣的滋生，只會使抱怨成為心理疾病。生活中發生不幸的事情是很正常的事情，對此，我們應該採取積極的心態，在困難面前看清自己的有所缺陷的地方，而不是在抱怨中忽略自己的成長。

七、站在他人的立場上考慮問題，體諒對方，不要以一個無知的旁觀者的姿態去指責、抱怨對方。站在「理解萬歲」的基礎上，消除內心的抱怨。

八、還可以透過自我勸慰、自我開導、自我調適等獨特的方式克服抱怨，例如，把讓自己抱怨的事情列在一張紙上，然後在後面寫出自己的抱怨，再對照著紙上的內容，對整件事情

的每個細節進行回憶。一邊回憶，一邊分析抱怨是否真的能夠幫助自己解決這些問題。做完這一切後，將紙撕掉，在重新寫一遍，直到感到自己的情緒不再激烈，這時候也就意識到抱怨解決不了任何問題。

　　九、掌握正確的抱怨方法，抱怨有一定的積極意義，但是怎麼把抱怨表達地恰到好處，就是一門藝術了。說出抱怨可以揭出潛在的憤怒感，當我們感到憤怒的時候，承認它是非常重要的。透過向別人承認這種感受，我們便成為了情緒的主人。同樣，我們也需要承認自己的傷痛、恐懼以及潛在的期望，但是我們無需將憤怒發洩到其他人身上。例如：「老公，當我看到你與網友一聊就聊好幾個小時的時候，我感覺非常失落。我想讓你知道我內心的感覺，也希望能與你有更多共處的時間。」透過分享內在的焦慮和擔心，我們就會從別人那裡獲得更加直率、坦誠和支持性的回饋。

心理能量二十三：抱怨─損耗自己和別人的消極能量

心理能量二十四：倦怠 ——
無處找尋的生命活水之源

· 寧願生病也不上班的人

金路是一家外貿公司的財務部經理，一直以來對工作認真負責，上司經常表揚他。在家裡，妻子體貼溫順，孩子聽話懂事，父母身體健康。金路的生活可說是幸福美滿了，但是他卻常常會失眠、難受，有時候甚至會一整晚都睡不著。公司裡下屬偶爾犯的一點小錯誤，都能讓他煩躁不已。

金路明白是自己心理壓力太大了，這段時間他反覆的想，自己做了十多年同樣的工作，卻感覺不到進步，要轉行又不捨得放棄累積多年的資本。再加上金路性格比較內向，平時甚少和朋友交流，又不願意把這些告訴家人，所以身邊連個說知心話的人都沒有。因此，也沒有人能夠幫他指點迷津。結果自己越來越煩惱，對職涯感覺就更加迷茫。

一天早上醒來，金路意識到又要上班了，一種說不出煩躁立刻湧上心頭，「老天啊，你讓我生病吧。」金路在心裡默默地念著，這樣就可以名正言順地不用去上班了。

· 七年之癢來了

幾年前賈磊和妻子坐在電影院看電影時，他還覺得自己和妻子之間永遠不會有七年之癢。然而沒想到在七年之後，賈磊卻體會到了電影中主角離婚時的心情。

雖然賈磊的妻子不會像電影中主角的老婆一樣七年如一日的做炸醬麵、穿同樣的衣服，但是他感覺妻子越來越乏味。剛結婚時，妻子還會在和賈磊出門時，化個淡妝，搭配著講究的服裝。但自從生育完身材有些發胖後，妻子越來越不注重衣著。雖然對衣服的品味沒變，卻不再和以前一樣重視搭配。很貴的衣服穿在妻子身上，賈磊怎麼看都是路邊攤的效果。髮型也不再像以前一樣定期做保養和護理，總是隨便紮起來，也不管看上去是否凌亂。

賈磊總是回憶起妻子當年的風韻，走在校園裡時，會有男生因為看她看得出神而撞樹。賈磊知道妻子對他也很有意見，總是抱怨他不再像以前那樣體貼等等，因此總是用冷淡的態度對待賈磊。因此，賈磊便經常混跡於娛樂場所，和異性的關係更是與日俱增。賈磊對此也有一絲愧疚，但這似乎是他排解對婚姻失望的唯一方法。

有時賈磊會想，如果選擇離婚會是什麼樣的情景，想必妻子也想結束這段乏味的婚姻。但是看到正在蹣跚學步的孩子，賈磊又覺得還是有繼續維持婚姻的必要。

· 職業倦怠症

　　無論婚姻還是工作所形成的疲憊感，都稱之為倦怠，即明知道自己有責任，卻故意懈怠的情緒與行為失調。心理學對倦怠的解釋是，指長期、持續暴露於壓力，尤其是在與工作有關的壓力情境中所產生的獨特情緒反應。它是一種壓力現象，可能產生於工作、生活以及情感當中，使人產生消極的情緒，感到迷茫，找不到前進的方向。

　　我們先來聊聊職業倦怠症。

　　在一九六一年一本名為《一個倦怠的案例》的小說中，職業倦怠這個詞初入人的視線，此書在美國引起強烈的反響，書中講述了一個建築師因為工作極度疲勞，喪失了理想和熱情，逃亡到非洲原始森林。一九七四年美國精神分析學家赫伯特（Herbert J. Freudenberger）首次將它使用在心理健康領域，用來指工作者由於工作的巨大壓力、持續的情感付出、身心耗竭的狀態。

　　職業倦怠涵蓋的人群很廣，不管是剛步入職場的年輕人，還是已經在職場多年的資深人士；不管是企業的高層，還是基層的員工，都有可能對目前所從事的職業失去興趣，對職業生涯感到迷惘，導致出現才思倦怠的情況，這就是心理學中的「職業倦怠症」。

　　這是一種由工作引發的心理倦怠現象，是職場人士在工作重壓之下所體驗到的身心俱疲、能量被耗盡的感覺。其主要的表現是，對工作缺乏熱情、工作態度變化、工作效率不高。

心理能量二十四：倦怠—無處找尋的生命活水之源

工作中需要與人打交道的工作，最容易產生職業倦怠感。據統計，每一百個人就有十二個人嚴重情緒耗竭，九個人嚴重憤世嫉俗；而且職業倦怠者呈現低齡化趨勢，二十五歲以下員工職業倦怠的比例非常高，工作二至五年的員工則最容易產生職業倦怠。職業倦怠症不但會影響自己在工作中取得成就，還會影響人們的身心健康，因此絕不能忽視職業倦怠症。

同時與男性相比，女性更容易患上職業倦怠症，因為女性比男性的工作壓力更大，工作之外，她們同時還要擔負著感情、家庭的壓力，是在工作生活中壓力較大的一群，因此她們對職業倦怠症的反應更大，也更嚴重。

國際心理學大會的資料顯示，職業倦怠症的人群主要包括助人工作者、工作投入者、高壓力人群以及自我評價低者。作為心理從業人員的心理諮商師，因其工作的助人性質，反而是最容易患倦怠的職業，占總比重的百分之四十；其次是教師、新聞工作者、員警和醫護人員等所占的比例也很大。那麼職業倦怠症的特徵都有哪些呢？

首先是生理倦怠，感覺自己的體力被耗盡了，無法精力充沛地工作，疲勞感嚴重，身體虛弱，經常生病。

第二是才智倦怠，就像金路一樣，總是感到空虛，有一種被掏空的感覺，認為自己的知識已經沒有辦法滿足當今的工作需求。

第三是情緒衰竭，對待工作的熱情完全消失，易怒、情緒煩躁等，對待同事態度冷漠、麻木，甚至沒有人情味。

第四是價值衰落，即個人的成就感下降，自我評價也在降

低，覺得自己做什麼工作都做不好。工作效率低，容易出錯，致使自己失去工作積極性，並形成惡性循環。

第五直接表現為在人際交往中，持消極、否定、猜忌和不信任的態度，導致同事和家人的疏離。

最後是會產生攻擊行為，一方面是增加攻擊別人的機會，例如，經常呵斥下屬、與客戶摩擦增多。另一方面是攻擊自己，出現自殘行為等，嚴重者甚至會選擇自殺。

研究發現，每年的二、三月份是產生職業倦怠症最容易發生的時間，因為這個時候已經領到年終獎等各種獎金，可能薪金制度將要有所調整，而且馬上又要面臨重重的壓力，因此很多人都會萌生退意。

·婚姻倦怠期

美國著名影星瑪麗蓮·夢露（Marilyn Monroe）有一部作品《七年之癢》（The Seven Year Itch），電影以風趣的形式講述了一個結婚七年的男子在老婆和孩子去鄉間度假後，被剛搬來的性感女房客挑撥得心猿意馬，整日對其想入非非，但最後幡然醒悟，回到了妻子身邊。

在現實生活中，七年之癢對於每個家庭而言，都像是一個不幸的詛咒，是一個難以跨越的坎，許多事情發展到第七年都會不以人的意志出現一些問題，婚姻也不例外。結婚時間長了，新鮮感喪失。從充滿浪漫的戀愛到實實在在的婚姻，在平淡的朝夕相處中，彼此太熟悉了，讓我們從戀人的光環效應中

心理能量二十四：倦怠—無處找尋的生命活水之源

清醒過來，意識到對方的真實存在。戀愛時掩飾的缺點或雙方在理念上的不同此時都充分的暴露出來，他（她）原來是這樣的人！以前溫柔乖巧的好個性，現在卻成為沒有主見的令人討厭的依賴；以前因為勇敢頑強而愛上的男人，沒想到背後卻有著這樣的懦弱。時間的流逝矯正了過去的判斷，讓我們看到了真相，有了遺憾，於是，情感的「疲憊」或厭倦使婚姻進入了「瓶頸」，開始「癢」了。

大家普遍認為七年之癢是到第七年才產生問題，事實上，很多問題早就產生了，但雙方都在忍受，給對方也給自己留點機會。然而，到了第七年，再也不願意忍受了，也有很多婚姻不到七年就走到了盡頭。

最近幾十年來，許多專家圍繞「七年之癢」進行了大量的調查的研究，最早的相關資料來自五十年前金賽（Alfred Charles Kinsey）的性學報告（Kinsey Reports），即在兩千名已婚男子中，有百分之四十的人聲稱他們在第一次婚姻中便開始尋求婚外性關係，其中大部分人發生在婚後前五年，與此同時有百分之二十的已婚女性承認有婚外性關係，其中半數是在婚後第七年之前。另外，在聯合國的一份涉及六十二個國家、地區和民族的統計顯示，離婚的高峰期是結婚的第四年。

當婚姻進入了瓶頸期，人們有兩個選擇，一個是一邊幻想，一邊和真實的對方交往；如果繼續維持幻想，那麼這個親密關係就只有瓦解，然後換一個人，繼續幻想下去，這是很多婚姻破裂的根本問題。但如果能夠愛上眼前這個卸去了「光環」的人，那就說明你們的愛情是真實的。

　　有人說，婚姻有三重境界。第一重境界：和一個自己所愛的人結婚。第二重境界：和一個自己所愛的人及他（她）的習慣結婚。第三重境界：和一個自己所愛的人及他（她）的習慣、還有他（她）的背景結婚。仔細思考一下這種說法，其實很有道理，當夫妻兩個人的婚姻進入第三境界，當其中一方把對另一方的愛擴展到他（她）的父母和親友中，也就意味著他們明白了婚姻中的最深的禪意：你的另一半不單屬於你，他（她）還屬於他（她）的父母和朋友，甚至還屬於他（她）自己。

· 擺脫職業倦怠症困擾的七個改進方式

一、瀉補共進

　　十幾年如一日地做同一種工作，累積到一定程度後，就會遇到職業倦怠症，沒有新的靈感，沒有新的東西補充，自然會產生自己沒有進步的想法，這就是所謂的「瓶頸」。做任何事情都可能遇到瓶頸期，只要能夠將此時的心理壓力釋放出來，就能夠重振旗鼓，找到自己前進的方向。

二、以不變應萬變

　　當在工作中遇到一些無法解決的難題時，就會覺得自己很失敗，一點小問題都解決不了。但是當這個問題得到解決後，會覺得一切都變美好了，自己也沒有想像中那麼差，對工作再次充滿了希望和激情。可見職業倦怠可能是間歇性的，所以當我們感到迷茫時，不妨靜觀其變，這不失為應對職業倦怠症的

好辦法。

三、尋找支持

隨著女性的獨立，婚姻中崇尚獨立的夫婦也越來越多，這是社會的進步，但同時也衍生出一個問題，就是雙方各自面臨「職業的倦怠感」的可能性變大了。有些人在職場中的位置越高，就越容易把所有的壓力都扛在自己身上。事實上，位置越高壓力越大越應該從伴侶那裡尋求支持。如果伴侶一方的能力較強，就可以先放下工作，給自己一段時間充電，同時也能放鬆一下身心，之後再尋找工作方向。

四、樹立正確的工作信念

很多職場女強人經常以外界的價值觀來判斷自己，把自己的工作看作是為了家庭，為了別人，這樣勢必會造成很大的心理壓力，應該認清自己的價值所在，應該為自己而活，必要時需要重新定位自己，重新制定職業規劃。

五、參與慈善活動

做好事能夠讓人身心愉悅，同時也是減壓的好辦法。在休假期間，可以找尋一些富有挑戰性的新鮮事來做，例如，成為啟聰學校的短期輔導員，或成為社會福利機構的義工。在那樣的環境中，很容易萌生「生活其實很美好」的念頭，會讓人覺得任何困難都是可以克服的。

六、改變生活方式

大多數患有職業倦怠症人群的生活都是兩點一線，即公司

—— 家中。如果換一種生活方式，就可以有效的治療職業倦怠症，在面對職業倦怠時，可以轉移自己的注意力，在條件許可的情況下，可以去旅遊、休息，或者另外去做一份自己喜歡做的工作，一起從頭開始，就會發現自己的內心不知在何時已經放晴了。

七、求助心理諮商師

如果實在無法透過自己擺脫職業倦怠症的煩惱，可以求助於專業的心理諮商師。心理師會透過催眠的方法，幫你發現你潛意識中對這份工作是否還有留戀。催眠音樂會誘導你漸漸放鬆，然後，在你進入催眠層次的時候，你就會非常「老實」、非常簡潔的回答諮商師的問題。心理催眠往往會說出表面上竭力否認的真相，如「這份工作其實我很捨不得」、「我和老闆之間的衝突是因為我們太像」、「我覺得再找一份工作很難有現在的待遇，畢竟我太老了，無法重頭開始。」當自己得知這些意外的答案時，或許就能夠多一些堅持下去的勇氣。

・解癢「七年之癢」

一、改變對方，不如改變自己

當婚姻進入瓶頸期，婚姻雙方經常做的事情就是不停地抱怨對方、挑剔對方，並且試圖改變對方，而這是最傷害婚姻感情的行為。

與其拿著自己製作的尺去衡量對方，不如先衡量一下自

己，你能帶給對方什麼，你又為對方做過什麼。在婚姻中不是一定要重大的付出才能顯示出對方重要性，有時候往往只是一句鼓勵的話、一杯溫開水，甚至是主動獻上一個吻，都能讓對方體會到你的愛。

二、尊重對方，保留自己的私人空間

很多婚姻都是因為一方的束縛，一方的掙扎而走向滅亡。在婚姻中最重要的就是相互尊重，不要把對方的全部都占為己有。妻子偷看丈夫的手機，這就是一種侵犯對方隱私的行為，然而這樣的行為在大多數的婚姻中屢見不鮮，彷彿這是應該的一樣。

想要尊重對方的隱私，首先就要給自己保留私人空間。有的人在結婚以後，就丟掉了自己婚前的交際圈，一顆心都放在了自己的家庭上，這勢必會讓自己陷入死角。與其這樣，不如保持正常的朋友圈，不要讓婚姻成為自己唯一的精神寄託。而且，在不同的人際交往中更有利於提升自己，調整自己，從而能夠應對婚姻中出現的種種問題。

三、交異性朋友要慎重

很多人到了「七年之癢」時，往往都會不由自主的嚮往「圍城」外的生活，有的人只是想想，而有的人則會受不了誘惑而做出背叛伴侶的事情。

這就需要每個人在交異性朋友的時保持在一定的尺度內，不要超過這個尺度，否則很容易在婚姻出現危機的時候迷失自己。尤其是那些本身就對自己存有好感的異性，要理智的處理

感情糾葛，這是對婚姻最起碼的忠誠。

四、離婚可能也是理智選擇

如果婚姻中的雙方都認為婚姻沒有存在的必要，那麼選擇離婚也許是一個明智的選擇。就像前面說的，有的人根本不知道什麼樣的伴侶才適合自己，這樣就很可能選擇了一個不適合自己的伴侶。兩個人相處時間越長，越發現兩個人不合適，而且也無法磨合，這樣的婚姻勉強撐下去，只能帶給雙方更多的苦惱。

離婚並不是一件可怕的事情，可怕的是有些人在離婚以後還不知道是什麼原因導致自己婚姻失敗，在下一次的婚姻中還會繼續自己之前犯過的錯誤。因此，如果選擇離婚，最重要的事情就是在這次失敗的婚姻中吸取教訓。

心理能量二十四：倦怠—無處找尋的生命活水之源

心理能量二十五：焦慮 ——
深藏的不安和恐懼

· 考照一族

　　王娟大學畢業後順利地進入了一家大型公司做投資顧問，原本她的學歷並不算低，但是在知識更新如此快的今天，她漸漸感到自己在學校學的知識有些不夠用了。有時候，許多客戶向她做諮商的內容，都是她從未涉及過的領域，為了能夠抓住客戶，她先把單子接下來，然後再惡補這方面的知識。

　　為了能夠讓自己跟上社會發展的腳步，她考了研究所，畢業後又考取碩士，為了讓自己在每個領域都很專業，她先後考取了會計師、審計師，還有律師證照，儘管擁有了眾多的證書，她仍然感到自己的知識很匱乏，仍然再不斷地學習中。

　　最近，她又參加了一個心理師的培訓，打算考取心理師的證照，為的是能夠更加準確的掌握客戶心理。然而在不斷的心靈探索中，她發現自己一直在追求更高的學歷，更高的技能，但是得到這些的同時，她卻不開心。因為她的孩子兩歲了，與她的關係就如同陌生人，她和老公之間的關係，還未到七年之癢，就已經平淡如水。還有父母，自己都忘記了有多久沒有回

去看過他們。

　　想到這些，王娟想要放棄，她不想因為工作而失去更重要的情感，但與此同時，她又有著深深的顧慮，自己身邊很多人都在考取這個證書，如果自己不考，可能漸漸被這個快速發展的社會所淘汰，那麼自己苦心經營了這麼多年的事業，就要荒廢了。

・莫名其妙的煩惱

　　朱先生坐在書房的書桌前，一隻手的手指不斷地敲著桌面，一隻手的手指頻繁地按著滑鼠，打開的新聞只看了開頭就覺得沒意思，於是關掉打開另一個。

　　這時，妻子走進來對他說：「吃飯了。」坐在餐桌前，他依舊用一根手指心不在焉地敲打著桌面，保姆端湯上來時，他差點碰翻湯。接著，他便低下頭吃飯，機械似的把眼前的食物塞進肚子裡。女兒吃飯時，勺子不停碰到碗的聲音，讓他感到煩躁不堪。好不容易女兒吃好飯，沒有了那惱人的聲音，但是他卻依舊感到煩躁。

　　吃過飯後，他打開電視機，頻繁的切換著頻道，都沒有找到自己想看的節目。一旁的妻子提出了異議，他只好放下遙控器，走到書房，從書櫃中拿出一本書，翻看了幾眼，又不耐煩地闔上。在屋子裡來回踱了幾圈，他穿上外衣，到屋外的花園中散步去了。

　　幾乎每天都是這樣，朱先生不知道自己為何如此煩躁。過

了而立之年的他，家庭事業都是一帆風順，是人們眼中的成功人士，但是他卻感覺自己每天做的事情，似乎都沒有意義。

· 敏感的母愛

安寧三十五歲時才做媽媽，她算是高齡產婦了，之前一次意外流產，讓安寧對得來不易的孩子格外重視。

她和丈夫薪水都很高，但是工作很忙，為了照顧孩子，安寧成為了全職媽媽，每天的工作就是上網查詢怎樣做一個合格的媽媽。起初她選擇的是美國的奶粉，後來再論壇上看到有的媽媽選擇荷蘭全進口的奶粉，價格貴了很多，但是為了孩子好，她毫不猶豫地選用了荷蘭全進口的奶粉，似乎只有這樣才對得起孩子。

隨著孩子的慢慢長大，安寧發現需要操心的事情太多了，她不敢讓孩子離開她的視線，生怕一個不小心孩子受傷了。孩子三歲時，安寧就給孩子報名了直排輪班、繪畫班，還有小提琴班，每天親自帶孩子去上課，孩子學她也跟著學。儘管她也想給孩子一個無憂無慮的童年，但是看著別的孩子都在學，她怕自己的孩子長大以後不如其他孩子，這樣就是自己耽誤了孩子的前程。

每天晚上睡覺前，安寧都會和孩子聊天，聽孩子說一些幼稚園發生的事情，如果哪一天孩子比較沉默，安寧就會睡不好，擔心孩子是不是在幼稚園受委屈，擔心孩子不能與人正常的相處，導致性格孤僻，心智不健全，諸如此類的問題讓她多

心理能量二十五：焦慮—深藏的不安和恐懼

日寢食難安。

如果孩子生病，安寧則感覺像天塌了一樣，怕醫院的檢查不夠仔細，或者是出現誤診，耽誤了孩子的最佳治療時間。為了讓孩子有個健康的身體，安寧特地上烹飪班，學習怎樣做美味又健康的食物，但是孩子的胃口卻不怎麼好，吃的很少，這也讓安寧擔憂不已，擔心孩子缺乏營養，達不到長身體時所需的各種指標。

安寧的朋友覺得她太過於關注孩子，勸她適當的放手，這樣對孩子並不會產生不好的影響，但是安寧卻不同意朋友的觀點，她認為把孩子帶到這個世界上來，就有責任給孩子自己所能夠做到的，最好的生活和最好的教育。

‧知識焦慮症

焦慮，是指缺乏明顯客觀原因的內心不安或無根據的恐懼。預期即將面臨不良處境的一種緊張情緒，也是焦慮，主要表現為持續性精神緊張，如：緊張、擔憂、不安全感。或發作性驚恐狀態，如：運動性不安、小動作增多、坐臥不寧、或激動哭泣等，常伴有自主神經功能失調等表現。

有些焦慮則是一種習慣性的行為，例如：人們害怕受到某些外來的刺激，在受到刺激的同時產生了焦慮的體驗。尤其是那些事業有成的人，但是心理承受能力差的人，工作的上壓力，生活上的壓力，使他們時常擔憂自己的事業會遭遇失敗，因此產生焦慮的情緒。莫名其妙煩惱的朱先生就是一個典型的

例子。

　　案例中所呈現的「知識焦慮」和「育兒焦慮」也是當代社會很典型的焦慮表現，這與我們現在所處的社會現狀有著直接的關係。

　　如今職場競爭壓力很大，再加上知識更新的速度加快，導致許多職場人士都產生了不進則退的焦慮感。這種焦慮感在淘汰率高的行業中尤為普遍，例如：記者、廣告人員、IT 工作者等，都是焦慮症的主要族群。

　　那什麼是焦慮症呢？焦慮症又稱焦慮綜合症，是一種常見的精神病學疾病。社會發展迅速，人們為了跟上社會發展的腳步，不停地吸收知識和對自己有用的資訊。在大量的知識面前，人類的思考模式遠沒有達到接受自如的階段，因此便造成一系列地自我強迫和緊張，知識成為了職場人士焦慮的來源。

　　知識焦慮症是現時代的產物，因為自身環境的瞬息萬變，許多人對未來都無法確定，甚至充滿恐懼，這會造成心理緊張、急躁，嚴重者甚至會引起一系列的生理反應。如果這種情況不能得到緩解，會給自己的身體和心理造成巨大的壓力。

　　像王娟這類的「考照一族」是當今社會中存在的相當龐大的族群，有的是剛進入職場的，有的是身居職場多年的，考照的目的有的是為了換一個更好的工作，有的則是迫於職業競爭，多拿一些證書，為自己增加競爭的籌碼。焦慮是很普遍的一種情緒，知識焦慮如果運用得當，是能夠為自己帶來發展的動力。

　　但是一旦焦慮的程度上升，就會引起身體不適，自主神經系統反應性過強，對未來莫名其妙地擔心，過分機警等症狀，

嚴重者還會影響正常的生活和工作。

・育兒焦慮症

　　二十世紀中期開始，美國心理學家們就開始研究育兒心理學了。育兒方面的臨床醫學家大衛・安德雷格曾說：「現在醫學十分發達，孩子的死亡率已經大幅降低，但是那些年輕的父母們的焦慮卻有增無減。」安寧的心理代表了大部分初為人父人母的年輕人心理，因為沒有育兒經驗，再加上只有一個孩子，因此對待孩子的問題時總是謹慎小心，這種心理在高齡產婦族群中更為常見。

　　過去每家都有兩三個孩子，甚至更多，因此父母沒有那麼多精力，把每一個孩子都照顧得體貼入微，經濟條件也不允許這樣。但是現在子女的數量少了，生活環境好了，再加上食品安全問題層出不窮，使得每個家長們經不起一點健康、安全方面的風險。不斷充實自己的育兒理論，與其他家長交流育兒經驗。而這種過分的焦慮，擾亂了既有的常識。例如：選擇什麼材質的奶瓶？什麼樣的奶嘴？孩子應該是怎樣的睡覺姿勢？等等一切都能夠讓新手父母焦頭爛額。

　　在華人群體，這種焦慮則更加明顯，尤其是三代同堂的家庭中，四個甚至是六個成人圍著一個孩子轉，大部分老人都肩負著照顧孩子的責任，雖然能夠增進兩代人的感情，但是同時也累積了兩代人的焦慮。

　　育兒焦慮症的源頭是父母對孩子的愛，尤其是隨著生活水

準的提高，市場專業分工細化，針對兒童的市場發展越來越迅速，產品也越來越多樣化，培養一個完美的孩子成為了每一個家長的願望。那些受教育程度高的父母，更重視這一點，他們有足夠的能力為孩子提供最盡可能優質的教育。

但是面對現在名目繁多的育兒市場，家長們面臨著很困難的抉擇，這也是他們產生焦慮症的原因。還有一部分原因是家長自身經歷了父母望子成龍的階段，當他們面對自己孩子時，就不想讓自己的孩子重蹈覆轍，於是，他們比較重視培養孩子的興趣愛好，有時為孩子「是否感到快樂」而備感焦慮。

· 在知識的風潮中保持自知力

患有知識焦慮症的族群，大多數都很盲目，看到別人學什麼，自己就跟著什麼，可是自己真的需要這種知識嗎？他們沒有認真考慮過。就像是走在大街上，看見大家都在搶一件商品，自己也不忍不住買回家，但是對自己而言卻是毫無用處的。

這種行為是一個人並未從自己的實際需要出發，是一種在不瞭解自己的基礎上對別人的盲從。為了避免發生這樣的行為，我們應該始終保持自知力，即要瞭解自己的興趣、特長、能力，並且對自己的職業有個中長期的規劃，然後按部就班的去實現。現在各式各樣的培訓課程都在不遺餘力的做廣告，我們要儘量去選擇對自己有真正用途的資訊，學習吸收，而不是別人說有用，自己便覺得有用。最終導致學習了很多沒用的知識，還浪費了時間和精力。

心理能量二十五：焦慮─深藏的不安和恐懼

　　克服知識焦慮並不難，首先要學會放鬆自己，每天接觸各種資訊不超過兩種；對每天的工作做出事先的安排，儘量減少意外情況的發生；每天在睡覺前堅持鍛鍊十五分鐘；有規律的生活，娛樂活動不得過多，戒掉一切不良的習慣。

　　一切都貴在堅持，只要能夠在這種狀態下生活，就能夠從混亂中理清頭緒，降低對未來的恐懼。

·放手去愛

　　蕭晨的兒子上六年級了，因為工作關係，蕭晨無法在親自接送孩子，孩子一個人搭公車上下學。每次只要孩子放學後不能按時回家，蕭晨便坐立不安、總感覺心口有東西堵著，呼吸都有些緊張。

　　一天，蕭晨在公司加班，五點鐘左右，她打電話到家中，卻沒有人接聽，五分鐘後她再次打過去，仍然沒有人接聽。兒子還沒有回家嗎？是不是路上出什麼事情了？蕭晨越想越心急，站也不是，坐也不是，最後竟在辦公室昏倒了。

　　同事把她送到醫院後，蕭晨才知道自己是因為焦慮引起暈倒。經過心理諮商師的引導，蕭晨說自己很擔心孩子，孩子每天都要換三趟公車才能到家，而且那路上是很混亂，經常出現車禍，所以她害怕孩子在上下學路上發生事故，每天這樣擔憂，久而久之就成了焦慮症。

　　針對蕭晨的情況，心理師找來了蕭晨的鄰居，向他們詢問孩子上學的狀況，原來他們的孩子也和蕭晨的孩子一樣，每天

要經過三趟換車才能到學校。其中最小的一個孩子才七歲，但其家長並沒有表現出過分的擔心，反而覺得孩子透過自己上下學，自理能力增強了很多。

雖然聽到鄰居這樣說，蕭晨還是不能放心。於是心理師建議她跟著孩子上下學一次，但是不要干涉孩子。蕭晨根據醫生的指示做了，她發現孩子能夠處理好路上遇到的一切問題，過馬路看紅綠燈，從不違反交通規則，上車也不擠不搶，甚至不買路邊攤上的小吃。看到這一切，蕭晨放心了。

之後，在蕭晨的建議下社區裡的孩子們建立一個「安全小分隊」，由年齡最大的孩子負責，每天大家一起上下學，既增加了友情，又保障了安全。這次，蕭晨的焦慮症徹底好了。

家長愛孩子是一種本能，是正常現象。但過度的愛，就會使家長陷入焦慮中。父母總是認為讓孩子吃最有營養的奶粉、學習各種才藝、受最好的教育，是對孩子愛的表現，否則孩子就無法健康的成長。仔細想想，自己如此焦慮，真的是為孩子好嗎？

在孩子的成長期間，父母對孩子的影響很深，焦慮不安的情緒很容易傳染給孩子，長期處在這種消極的情緒之下，孩子多半會出現憂鬱、暴躁、孤僻等問題，這時候，所謂的「愛」就變成了害。

對孩子的真正的愛，是消除自己的焦慮，放開手讓孩子在一個相對寬鬆的環境中成長，讓愛像陽光一樣包圍著孩子，又能給孩子光輝燦爛的自由。

心理能量二十五：焦慮—深藏的不安和恐懼

·快速緩解焦慮的四個步驟

第一步：評估

這一步是找到自己焦慮的源頭，即「我在害怕什麼？」「我為什麼會焦慮？」當找到了這些問題的答案，就清楚地寫出來，越具體越好。

第二步：理解

即對自己所害怕的事情進行分析，如果害怕的事情真的發生了，是不是真的那麼可怕？是不是就無法活下去了？

第三步：再次評估

分析之後進行第二次評估，真正的原因究竟是什麼？有哪些解決的辦法？方法應該怎樣具體實施？

第四步：評估方法

此步驟的目的是為了瞭解方法究竟有沒有效，以便及時做出調整。在此，心理學家提出了幾種消除焦慮的方法：

·如果能夠讓自己的肌肉得到放鬆，那麼心情也會隨之放鬆，因為焦慮是與肌肉是密切相連的。

·如果忽然感到焦慮，可以深深吸一口氣，然後迅速吐出。這是為了讓肌肉得到放鬆，然後不斷暗示自己要「放鬆、放鬆」，把注意力集中在有趣的事物上停留幾分鐘。

這四個步驟完成後，返回去想讓自己焦慮的事情，如果焦慮仍得不到緩解，就再次重複這四個步驟。

心理能量二十六：悲觀 —— 自我衰竭的個人信仰

· 弄錯的化驗單

小王去醫院做身體檢查，碰巧遇到了一個和他同名的人。而他們都有共同的症狀，都需要拍 X 光片，他們都被初步診斷為「腦瘤」，都需要做進一步確診良性還是惡性。

為了區別，姑且叫他們小王甲和小王乙。

檢查結果出來了。

小王甲被告之他得的是惡性腦瘤，活不過一個月。

小王乙被告知他得的是良性腦瘤，切除治療即可。

小王甲拿著確診單癱坐在原地，已經沒有走路的力氣，然後非常絕望的被家人攙扶回去。他日漸消瘦，最終非常乖巧的在被「專家」規定的時間內離開了。

而小王乙拿到良性的確診單後萬分雀躍，立即拿出手機四處通告自己已被「赦免」，同時計畫擺宴慶祝。他孩子般開心的笑著，臉色明顯發亮了，皺紋明顯減少了，步伐明顯輕盈了。他的喜悅感染著在場所有人。他回去張羅著擺宴，同時也積極準備著做手術事宜。手術順利，他已經健康了。

心理能量二十六：悲觀─自我衰竭的個人信仰

然而諷刺的是，甲乙兩個人的確診單不小心拿錯。實際上惡性的是病人乙，良性的是病人甲。而僅僅因為拿錯了單子產生了完全不一樣的結果。

・暗示的力量

悲觀，是一個人對人生失去信心、不積極做任何事情，總是消極地看待一切的心理狀態。在悲觀的人眼中，失敗是永久性的、普遍性的，如果某個階段目標失敗，就會認定自己以後的目標也不會成功。並且他們傾向把失敗看成是自己的原因，認為自己應該對失敗負全責。

悲觀心理的產生，是個體對自己身心消極暗示的結果。暗示其實就是指人或環境以不明顯的方式向人體發出某種資訊，個體無意中受到外在的影響，並做出相應行動的心理現象。暗示是一種被主觀意願肯定了的假設，不一定有根據，但由於主觀上已經肯定了它的存在，心理上便竭力趨於肯定的結果。科學家研究指出：人是唯一能接受暗示的動物。以上兩個案例，都說明悲觀足以殺死一個人！是的，消極的負面暗示最終會產生結束我們生命的作用！

為了證明這一論斷，美國心理學家做了這樣的試驗：

在一所小學中選擇兩個水準相當的班級，然後對其中一個班的學生說：「你們很聰明，是天才型的學生，將來一定會前途無量。」然後對另一個班的學生說：「你們的智力一般，以後也就只能做一般的工作。」原本實力相當的兩個班級，畢業考試的

成績卻天壤之別。被暗示是天才的班級，學生努力學習，成績也飛速上升；而另一個被暗示智力一般的學生，成績不升反而下降了。

心理暗示的力量就是如此之大，大到可以改變一個人的一生。根據研究表明，百分之九十的癌症患者都是被自己嚇死的，而那些一直不知道自己得了絕症的人，反而憑藉著過人的毅力活了下來。例如第二個案例中的沒有得了惡性腦瘤的小王甲，看到了確診單，也就此判了自己死刑。而拿到「赦免通知單」的小王乙，因為積極的力量，反而戰勝了癌症。

・悲觀情緒是如何生成的

心理學家認為，悲觀情緒的產生和人對自己言行的滿意程度有關，當一個人對自己的言行感到不滿時，就會產生不安的情緒，這是一種心理上的自我指責，自我的不安全感和對未來害怕的多種心理活動的混合產物。

通常一個悲觀的人都是與世無爭的，在他人眼中是十分善良的人，在社交中常常會有取悅他人的傾向，甚至會承擔不屬於他們的過錯。這源於他們內心的自卑，他們認為自己沒有資格去與他人爭取，同時內心也對自己的無能進行自責。所以在性格上，悲觀的人是膽小怕事、怯懦的人，習慣退縮、忍讓，把痛苦和難過都放在自己心裡。

另外，悲觀心理也和關切自我有關，關切自我的問題，是很必要的，但是關切並不是憂慮。關切和憂慮之間有著本質的

心理能量二十六：悲觀—自我衰竭的個人信仰

區別，關切主要是瞭解問題的來源，然後客觀的採取相應的方法進行解決；而憂慮則是過度的擔心，徒增煩惱，對改善自己沒有一點實質性的幫助，只是增加心理負擔。

像這樣善於接受負面暗示的人，將長久走不出煩惱的惡性循環，而善於調適心理的人，如同善於增減衣服以適應氣候變化一樣，能獲得舒適的生存。每個人都可能產生悲觀的情緒，輕者不會對生活產生影響，但是重者就需要立即進行調整了，因為悲觀的情緒本身是十分消極的情緒，會影響到組織器官的一系列變化，從而導致心理和生理疾病的產生。

·命運自主

卡內基（Dale Carnegie）說：「對於一件事情的看法，人們會因切入的角度不同而產生不同的想法。一個悲觀的人，事事都往壞處想，於是愁眉苦臉、憤世嫉俗、但他這樣也不過是親者痛、仇者快，苦了自己。除此之外，他的生活情緒一定會大受影響，還會連帶影響他人。」

可見每一個人生活得快樂與否，完全取決於他的心態。遇到事情往好的方面想，生活就會充滿了陽光和快樂；如果總是往壞的方面想，生活中就總是烏雲蓋頂；總是擔心悲劇的發生，只會一直生活在惴惴不安中；如果總是想著失敗後的結果，那麼即便是可以成功，也會遭遇失敗，越害怕發生的事情就越會發生。就因為害怕發生，所以會非常在意，注意力越集中，就越容易犯錯誤。這就是著名的「墨菲定律」。

生活中遇到挫折是不可避免的事情，不可能總是快快樂樂的度過每一天，經歷的那些挫折，多少都會在心中留下一些傷痕。在以後的日子中，回憶起這些傷痛，彷彿天空就再次失去了顏色，看不到生活中的希望。就算是窗外陽光燦爛，感覺到的仍是沮喪。每當這個時候，情緒就會被沮喪控制，產生憤怒的情緒，會問自己：「我做錯了嗎？我做的事情真的沒有價值嗎？為什麼所有人都比我快樂？」

這又體現出悲觀者的一個特點，即自卑，認為自己一無是處，認知上否認自己的優勢與能力，無限放大自己的缺陷或是造成的失敗。因為這種悲觀消極的想法，所以在悲觀者的心中，或多或少的地都醜化了現實，扭曲了現實的本來面目。

· 驅除沮喪心理

改變悲觀的心理，首先要學會抵禦沮喪情緒的入侵。只要沮喪情緒進入你的大腦，就會奪走你的快樂，減弱你的才能，阻擋你的前進。因此一定要用積極的思想來對抗沮喪的情緒，方法有很多種，下面提供一些最常見的方法。

（一）進入到同盟者的圈子中：

如果還打算在這個世界上「活下去」，就需要與人進行交流，而最有效的交談，就是與那些與自己同病相憐的難友進行交流。你會發現，其實比自己悲慘的人大有人在。

（二）增加閱讀面：

閱讀一些對自己成長有好處的書籍，不但能夠使自己精神

放鬆，還能夠受到鼓舞。所以，儘快選擇一本好書，然後集中精力開始閱讀吧。

（三）培養寫日記的習慣。寫日記的過程就是一種心理自我治療的過程，因為能夠從這份「自我經歷不斷增長」的記錄上找到快意。

（四）做一份切實可行的計畫：

機會能夠幫助你儘快進入一個全新的未來，因此對於那些自己想做卻一直沒有做成的事情，趕快為其制定一份計畫吧。

（五）適當獎勵自己：

每個人的生活都離不開起床、淋浴、吃飯，這些最簡單的日常任務常會讓人感到氣餒。為了給生活一些樂趣，每當自己完成一個小的成就，就給自己一點適當的獎勵。

（六）進行體育鍛鍊：

體力好，精神自然也就好了，多進行體育活動，對抵禦沮喪是很有效的方法。

・哭泣療法有效改善悲觀情緒

悲觀者之所以悲觀，是因為他們缺少積極的信念，而積極信念的缺失，又來自於曾經受到的挫折和傷痛。悲觀者鬱鬱寡歡的背後，一定埋藏了眾多的傷痕。而治療這些創傷很好的一個辦法就是 —— 哭泣。

你可以不必去做正式的心理治療就能自我釋放，宗旨一定是針對過去的痛苦經歷，這經歷大部分是父母給自己留下的，

它們都能因此而找到至今的延伸。如一個人去超市總是控制不住買東西，消費超過了自己的預算，追其根源，是因為她在童年被家裡人忽略，常常得不到自己想要的，因此只能透過瘋狂地購物來滿足自己。

你可以選擇一個安全的環境，如一個人在家的時候，讓自己沉溺於過去使自己痛苦的那種事件的感受中，有時甚至暴哭不止，直到把當年的情緒全部釋放出來，漸漸地，哭泣也會自動漸緩，直到終止。

《用眼淚治療》（Cure by Crying）的作者湯瑪士（Thomas A. Stone）就是根據自己的親身實踐而寫出的這本書，事實證明，他臉上的紅疹消失了，胃病也好了，情緒變得開朗、活潑，最主要的是他對生活的態度轉變了，他能夠自主，也能夠放下。用他的話說：「如果我在二十歲就能夠這樣做，那我的生活一定要比現在好上一千倍，可惜我浪費了太多的青春……」

對於想心理自助的人而言，能哭出來就是成功。但是，因為壓抑太多，對很多成年人來說，能哭出來是個十分困難的事情。

當遇到不如意的時候，一定要問問自己：這種情緒是從哪裡來的？靜下心來，先跟那個沮喪在一起，感受它而不是譴責它、逃避它或轉移它。如果內心出現了一些聲音和畫面，一定不要放過這個事件，這很有可能就是引發你現在情緒的初始事件。

不要給那個製造創傷的人辯護的理由，讓自己完全沉浸在這種情緒裡，沉浸在感性裡，你可以發洩，你可以罵人，可

心理能量二十六：悲觀—自我衰竭的個人信仰

以找一個枕頭拚命的打，但不要傷害自己和他人。這樣做，不是讓你去對當初傷害你的人對質或者報復，而是處理自己的情緒，更好的愛自己。

也許你可能因為強烈的情緒宣洩而昏沉或者狂睡，也可能噁心、拉肚子，但是，這正是自體排毒的象徵！

如果你的哭泣受到了外界的干擾，一定要再找機會將其哭完，有始有終，最終將壓抑的情緒徹底釋放出來。

也許你擔心哭完了會怎樣，自己會不會失去理智找人去算帳？其實，看看小孩子我們就知道答案了，情緒在小孩子的身體裡是自由流動的，上一秒孩子可能在哭，但是，下一秒他可能就笑了。我們也是如此，當我們將卡在我們身體裡的負面能量釋放出來時，我們就會變得輕鬆和自由。

電子書購買

你若不傷，歲月無恙：一本讓你與自我對話的超
強心理能量手冊 / 李麗著 . -- 第一版 . -- 臺北市
：崧燁文化事業有限公司 , 2021.07
　　　面；　　公分
POD 版
ISBN 978-986-516-645-8(平裝)
1. 心理學 2. 通俗作品
170　　　　110005731

你若不傷，歲月無恙：一本讓你與自我對話的超強心理能量手冊

臉書

作　　　者：李麗

發 行 人：黃振庭

出 版 者：崧燁文化事業有限公司

發 行 者：崧燁文化事業有限公司

E - m a i l：sonbookservice@gmail.com

粉 絲 頁：https://www.facebook.com/sonbookss/

網　　　址：https://sonbook.net/

地　　　址：台北市中正區重慶南路一段六十一號八樓 815 室

Rm. 815, 8F., No.61, Sec. 1, Chongqing S. Rd., Zhongzheng Dist., Taipei City 100,
Taiwan (R.O.C)

電　　　話：(02)2370-3310　　　傳　　　真：(02) 2388-1990

印　　　刷：京峯彩色印刷有限公司（京峰數位）

定　　　價：330 元

發行日期：2021 年 07 月第一版

◎本書以 POD 印製